本书受国家社科基金重点项目
"新东北振兴与俄罗斯远东开发开放战略互动研究"(

本书受黑龙江省社科基金十九大专题项目
"'一带一路'倡议背景下我省对俄跨境产业链体系发展对策研究"（项目号：17JYH47）资助

本书受黑龙江省新型智库重点招标课题
"黑龙江省打造外向型产业集群的思路与对策研究"（项目号：19ZK008）资助

黑龙江省对俄跨境产业体系发展对策研究
——基于中俄边区国家战略互动视角

祝洪章　张林佳 ◎ 著

中国财经出版传媒集团
经济科学出版社
Economic Science Press

图书在版编目（CIP）数据

黑龙江省对俄跨境产业体系发展对策研究：基于中俄边区国家战略互动视角/祝洪章，张林佳著．—北京：经济科学出版社，2019.8

ISBN 978-7-5218-0763-9

Ⅰ.①黑… Ⅱ.①祝…②张… Ⅲ.①产业体系-产业发展-研究-中国、俄罗斯 Ⅳ.①F269.24 ②F269.512

中国版本图书馆 CIP 数据核字（2019）第 172039 号

责任编辑：申先菊 赵 悦
责任校对：齐 杰
版式设计：齐 杰
责任印制：邱 天

黑龙江省对俄跨境产业体系发展对策研究
——基于中俄边区国家战略互动视角

祝洪章 张林佳 著

经济科学出版社出版、发行 新华书店经销
社址：北京市海淀区阜成路甲28号 邮编：100142
总编部电话：010-88191217 发行部电话：010-88191522
网址：www.esp.com.cn
电子邮件：esp@esp.com.cn
天猫网店：经济科学出版社旗舰店
网址：http://jjkxcbs.tmall.com
固安华明印业有限公司印装
710×1000 16开 11.25印张 390000字
2019年8月第1版 2019年8月第1次印刷
ISBN 978-7-5218-0763-9 定价：82.00元
(图书出现印装问题，本社负责调换。电话：010-88191510)
(版权所有 侵权必究 打击盗版 举报热线：010-88191661
QQ：2242791300 营销中心电话：010-88191537
电子邮箱：dbts@esp.com.cn)

序
PREFACE

自"一带一路"倡议实施以来,我国的对外开放战略由"沿海局部开放"向"沿海—内陆—沿边全面开放"升级。作为区域发展的重要引擎,国家开放战略升级既是我国区域经济均衡发展的要求,也是我国与全球产业链融合升级的要求。改革开放40余年,国家的东南沿海地区"局部开放"政策对我国的产业布局和东西部阶梯式发展格局的最终形成产生了重要影响。当前"全面开放"战略的转变也必将使我国未来产业布局的调整和阶梯式发展格局的再平衡路径发生深刻变革。

黑龙江省是国家全面开放布局中"北向开放"的桥头堡,"一带一路"、新东北振兴、俄远东开发开放、俄北极航线开发、沿边开发开放、兴边富民行动等一系列政策红利与巨大的内外部市场变化和地缘、资源等优势叠加使黑龙江省面临发展外向型经济从未有过的历史机遇。深入研究涉及黑龙江省的中俄两国主要国家战略的战略意图、合作要点与实施概况,准确抓住两国战略对接给黑龙江省带来的产业转型发展机遇,结合黑龙江省自身的地缘、资源、平台等现实条件,形成基于国家战略对接框架下的黑龙江省对俄跨境产业体系建设的基本思路和行动方案具有重要理论意义和现实意义。

对黑龙江省对俄跨境产业体系的研究既是对中俄区域经济合作

理论的补充，又是对我国开放型经济体系下跨境产业链理论体系的丰富。作为黑龙江的科研工作者，笔者希望通过本书的研究为黑龙江省制定系统、科学的对俄跨境产业发展战略提供智力支持，使黑龙江省更好地融入国家"一带一路"全面开放体系中，尽快实现经济的振兴发展，能够为黑龙江省实施产业升级转型，实现工业强省、开放强省提供决策建议。

本书的撰写得到国家社科基金重点项目"新东北振兴与俄罗斯远东开发开放战略互动研究"、黑龙江省社科基金十九大专题项目"'一带一路'背景下黑龙江省对俄跨境产业链体系发展对策研究"、黑龙江省新型智库重点招标课题"黑龙江省打造外向型产业集群的思路与对策研究"的资助。许多专家和学者的研究成果都给本书完成具有重要的参考价值和帮助，研究生谭睿承担了本书的校稿工作。在此，对以上立项单位和本书引用成果的作者专家以及学生一并表达深深的感谢！

作者

2019 年 4 月 3 日

目录 CONTENTS

第一章 理论基础与文献综述 　1
第一节 相关理论基础 　1
第二节 文献综述 　9

第二章 中俄边区开发开放的主要国家战略 　16
第一节 俄远东开发开放新战略 　17
第二节 新东北振兴战略 　31
第三节 "一带一路"倡议 　37
第四节 沿边开发开放战略 　43

第三章 中俄边区开发开放战略互动的思路及主要内容 　49
第一节 中俄边区开发开放国家战略的耦合关系 　49
第二节 中俄边区开发开放战略互动的基本思路 　61
第三节 中俄边区开发开放相关战略互动的主要内容 　80

第四章 黑龙江省对俄跨境产业体系构建发展的现实基础 　95
第一节 黑龙江省对俄经贸与投资合作概况与地位分析 　95

    第二节　黑龙江省对俄产业合作通道建设情况　　102
    第三节　黑龙江省对俄产业合作平台建设情况　　111
    第四节　黑龙江省与俄远东地区地缘经济关系分析　　122

第五章　黑龙江省对俄跨境产业体系构建发展的原则、路径和着力点　　129
    第一节　黑龙江省对俄跨境产业体系构建发展的基本原则　　129
    第二节　黑龙江省对俄跨境产业体系构建发展的路径　　137
    第三节　黑龙江省对俄跨境产业体系构建发展的产业—项目着力点　　146
    第四节　黑龙江省对俄跨境产业体系构建发展政策的保障体系　　160

参考文献　　166

第一章

理论基础与文献综述

第一节　相关理论基础

一、产业关联理论

产业关联理论是重要的产业经济学理论，也称为投入产出理论，美国经济学家里昂惕夫首次将产业关联理论应用到研究社会各个部门之间错综复杂的相关关系中，他的代表作《投入产出经济学》《美国的经济结构——1919~1929》是产业关联理论形成的重要标志。投入产出表是投入产出分析的主要工具，既能够全面系统地提供统计数据，又可以作为产业关联度、产业联动效应分析基础的应用型工具。具体来说，产业关联度的分析指标包括直接消耗系数与间接消耗系数、完全消耗系数等；产业联动效应分析的重要指标有感应度系数、影响力系数、生产诱发系数等。投入产出分析无论是在广度或是深度上都呈现了全面发展的特征，尤其是在广度上实现了重大突破，它不再局限于宏观研究，在中微观研究中都有涉及。投入产出表的应用范围由最初的一国经济扩展到现在的国际经济范围；由最初的产品投入产出分析拓展至包括固定资产投入产出、环境投入产出及非物质要素的投入产出等众多领域分析；由最初的产品投入产出的经济技术联系分析延伸至对环境保护、人口、资源等领域的探索。在产业关联理论的总体框架下，衍生出产业链、价值链、产业聚集、产业集群等一系列相互关联、相互影响的相关分支理论研究。

（一）产业链理论

产业链的思想源头是经济学上的分工理论，古典经济的代表亚当·斯密著名的"制针"例子就是从分工的角度对产业链功能进行剖析的范例。马歇尔在古典经济学中认为产业链研究对象只能限于企业内部的"陈旧"思想上，首次大胆地提出了产业链理论的分工范畴也可以扩展到不同企业之间的分工与协作。西方经济学界因价值链及供应链概念的兴起，逐渐减少了对产业链的关注，与此同时，正处于改革开放中的中国，开始重视对产业链的研究，并且依据中国的国情，研究出许多具有中国特色的理论成果，也因此涌现了许多较有影响力的专家与学者。

现代产业链理论是在产业经济学、技术经济学等学科的基础上发展而来的。产业链主要是指各个部门间基于一定的技术经济关联客观形成的链式结构，由价值链、企业链、供需链、空间链四个维度构成，囊括产品从原材料加工到最后的销售各个环节，各部门之间紧密衔接，以链式的形态呈现。四个维度互相碰撞、互相融合，逐个进行对接，这就是产业链形成的内模式，加之企业内部调控、市场结构和行业间的调控、政府宏观调控、对产业链的调控，这四种调控形态共同作用，对产业链进行整体把控，这就是产业链形成的外模式。

产业链从不同角度来看，有多种分类。产业链按政府政策的影响力大小可分为需求内生型和政策诱致型，后者也可称为市场交易式产业链。一般来说需求内生型产业链的形成主要依靠的是市场动力和企业自发性的行为。在这种产业链下，企业各司其职，地位平等，不存在核心企业和垄断现象。"政策诱致型产业链可分为自下而上和自上而下两种类型。自下而上的政策诱致型产业链是指在产业链初具规模以后，政府通过引导、规划推动产业链的进一步发展；自上而下的政策诱致型产业链主要是在政府的引导和扶持下才出现和壮大的"。[①] 根据产业链中不同企业所占的地位不同，产业链也可分为技术推动型、资源带动型、需求拉动型、综合联动型。根据产业链中的企业对市场供需与产品本身属性的把握，"可以将产业链分为资源导向型、产品导向型、市场导向型和需求导向型"。[②] 按照产业链中的企业合作方式，可分为低级与高级两种不同产业链，低级产业链企业间合作方式仅仅是简单的市场交易，而高级产业链中企业的合作方式是建立战略联盟。根据产业链形成方式不同，可以分为接通产业链和延伸产业链，接通产业链是整合某个地域的断续产业链，使其形成完整的产业链；延伸产业链是在已经形成的稳固的产业链基础上进行上下延伸。

基于区域企业的比较优势差异，借助区域的市场调节和政府的产业政策引导，产业链一旦形成，将在区域合作中发挥重要的合作载体作用，可以有效地解决不同区域的专业化分工与多个维度不同需求的矛盾。充分利用产业链在定价、利益分配、信息流通等方面的巨大优势，使产业链各个环节坚实稳固。总的来说，以产业链方式进行区域间合作，能够更加有效地招商引资、增强竞争力、提高风险防范能力、稳定区域经济。

（二）价值链理论

价值链理论的产生与产业链理论密不可分，价值链其实就是产业链中价值增值的过程，它的产生推动了产业链理论的发展，并产生了重要的影响，使人们更加意识到价值增值过程对于产业链的培育、接续、延伸是至关重要的。所以，在研究产业链的内涵、形成、运行三个方面的问题时，需要应用价值链理论，这样才能令产业链更加稳固，更具有竞争力。

迈克尔·波特（1985）认为依据价值的形成过程，可以认为价值链就是从原材料加工到最终商品流通过程中价值不断增值的连续过程。归根到底，价值链的形成就是将技术、原料、劳动等要素投入到生产中，形成商品，通过市场将商品销售给消费者，至此价值链的循环过程结束，在这个过程中，

[①] 吴渭. 产业链和利益相关者视角下的农业风险研究 [D]. 北京：中国农业大学，2015 (6).
[②] 吴彦艳. 产业链的构建整合及升级研究 [D]. 天津：天津大学，2009 (5).

参与到价值创造的每一个企业都是价值链里的环节。反过来说，价值链每一个环节都是由在不同阶段创造价值的公司构成，因此，宽泛的产业链和价值链是"手心"与"手背"，互相映衬。"以比竞争者更低的价格提供无差别的商品和服务"或"以合理的额外费用提供无差别的产品或服务"是价值链中价值创造的两个截然不同的方式。[①] 价值链还可以应用到供应链管理中去，起到确认与理解参与其中的企业核心竞争力的作用。

（三）产业集聚与集群

产业集聚理论是关于企业或者产业选择某个地区进行集聚的机理的理论。从微观视角来看，企业集聚是由于共享机制、匹配机制和学习机制的存在。共享机制是指企业不仅可以从区域多样化的投入和产业专业化中获益，还可以通过对一定区域内商品和设施的共享以及风险池中的收益共享来实现获益；匹配机制是指由于企业与工人在用工机会和质量上匹配度的改进而使企业获得潜在收益。学习机制意味着通过聚集，企业和技术人员、管理人员等可获得相关生产和技术知识传播、积累的便利从而产生潜在收益的增长。张婷（2017）认为区域间的贸易、集中的专业化生产主要受交易费用的影响，交易费用高低决定着区域贸易的发生与否。企业间的地理集中可以减少外部关联的复杂性并且降低关联成本，产生规模效应。

产业集群是指在某一地区的主导产业与其产业相关的其他产业及支撑其发展的相关机构，在空间上聚集，实现规模经济和范围经济。空间性与产业专业化是产业集群的主要的特征。产业集群的表象是相互联系的专业化产业部门、生产环节、工艺等因分工迂回而在同一地理空间集聚，其实质是通过空间聚集追求专业化分工收益的过程，正外部经济效应是产业集群过程中成员持续的、强劲竞争力的源泉。产业集群是支撑区域经济发展的重要经济模式，换句话说，区域经济的发展离不开由联系紧密的产业链构成的产业集群，因此研究产业集群也能更深刻地认识到产业链的内涵。

---

① 张弦. 木地板行业的产业链分析［D］. 杭州：浙江工业大学，2008（12）.

二、区位经济理论

区位理论产生于19世纪20年代，主要研究产业布局和选址规律，解决生产的最佳布局问题并对之进行解释，是区域经济学、新经济地理学、城市经济学的重要组成部分。经济活动的区位选择应基于区位资源禀赋的丰度、经济的集聚程度以及市场规模的扩大而带来的交易成本下降程度。区位条件一般是通过地理位置、劳动力、交通、资金、集聚等生产要素的配置而对区域经济的发展产生影响。区位条件的不同决定了一个地区经济发展的好坏，良好的区位条件能够拉动区域规模经济的发展，因此区位因素愈发受到重视。

（一）古典区位经济理论

德国农业经济学家杜能阐述了地租与土地利用的关系。农业区位理论阐释了在市场完全竞争下，农业经营者通过在运费和地租之间权衡，决定农业生产空间结构的机制。杜能认为城市周边土地与城市的距离远近是其利用方式类型的重要决定因素，土地利用类型随距离远近不同呈带状变化，形成了以城市为中心的若干同心圆环。重量大、运费高或时效性要求较高的产品应在城市周边种植，虽然这样的地区往往租金较高。随着与城市的间距增大，农产品的运费有了一定的增长，生产区位比较优势下降，但土地租金也会随之减少。因此，农业应该布局在距交易市场运费最低的地方。农业区位论虽然依据诸多假设，但它却对后续研究区位理论产生了重要影响。

德国经济学家韦伯提出了工业区位论，通过区位因子这一工业区位论的核心概念阐述了运费、劳动力费用和集聚三个地区性区位因子对企业设厂选址的影响。韦伯认为工业的空间布局首先应是对运输成本测算来确定空间均衡点，其原则是选择企业承担最少运费的点，即企业从购买原材料并运输到生产点生产，再运输至消费地的运费支出少的地点。其次是通过劳动力费用对最小费用区位进行偏移调整，企业可向低劳动力费用的地区进行偏移调整。最后是考虑如何获得聚集经济带来的最大化收益。一个企业生产规模的扩大产生规模经济或多个企业提高专业分工程度进行协作生产，以及多个企业或部门共享公共基础设施都会产生因外部聚集而带来的聚集利益，生产者会在临界的等运费线相互交叉区集聚以获取集聚利益。企业应在运费、劳动力费用和集聚三者关系中获得最优布局区位点。韦伯工业区位论的特点是在杜能农业区位理论的基础上将集聚利益纳入最佳区位选择的分析框架。

德国地理学家克里斯塔勒针对服务业的区位选择提出了以城市空间等级体系思想为核心的中心地理论。中心地理论引入"门槛人口"概念，即销售者想要在最小的区域内销售商品来获取正常利润时，该区域内应有的人口数量。中心地一般来说可以满足周边地区对货物的需求，在划分中心地等级时，主要看其能够服务的最大范围，范围越大城市的等级相应就越高，相应的所需要的门槛人口也会越多。理性消费者在购买商品时，会选择离自己最近的市场，生产者的目标就是不断扩大市场的范围，新的企业也会考虑旧企业所占的市场份额。

德国经济学家奥古斯特·勒施（August Losch）提出了市场区位论，市场区位论主要研究市场的规模与需求结构如何影响区位选择与产业配置。董燕、刘春梅（2009）认为假设每单个企业以产地为圆心、以产品最大销售距离为半径，形成自己的销售圆区，而产品价格又是需求量的递减函数，所以单个企业的产品总销售额是需求曲线在销售圆区旋转形成的圆锥体。多个企业构成多个圆区，但是每个圆区都有空白区，即虽在圆区里，但实际并没为其提供商品的区域，如此一来圆区与圆区之间既有"圆锥体"的交错，也有"空白区"的交错。新的竞争者会占领"空白区"，圆形市场被挤压，最后形成六边形的市场网络。

（二）增长极理论

增长极理论最先是由法国经济学家弗朗索瓦·佩鲁（Francois Perroux）于1955年提出的，这一理论被称为区域不平衡发展论的奠基性理论之一。增长极理论的核心观点是：在现实生活中，区域经济乃至一国经济都是发展不均衡的，"增长中心"可以通过产业关联性带动区域经济增长，实现区域经济均衡发展。理想的经济增长极应拥有创新能力强的企业及企业家群体，能够有效地通过聚集产生规模经济效应，并可以利用充足的资金、技术和人力资源实现规模经济的自我强化，还应当具备有序的市场环境、完善的基础设施和优惠的政策。增长极中心一般是以具有一定实力的企业带动周边相关产业发展的方式来推动区域经济，增长极对周边区域的影响分为"涓滴效应"和"极化效应"，但总体来看，增长极的正向"涓滴效应"效应可以减少地区经济失衡。

增长极理论主张点、线、网络和域面是构成区域空间结构的四个基本要素，由点连线，由线织网，网络的交错构成了域面，因此在研究过程中可以对一个区域进行分解研究，研究子区域中的增长极，每个增长级也可以分解成层层更小区域里的增长极。以省域经济增长极体系为例，肖良武（2016）认为一省以核心城市或产业集群为增长中心，也就是极点，再由各个极点之间的交通经济带连结为线，交通经济带覆盖的城市群、城市圈为面，实现点、线、面的结构。① 增长极依据区域规模不同可以分为核心层、次级层、基层三个层次，核心层、次级层、基层增长极通过相互衔接、相互作用、彼此渗透与融合，形成了区域经济发展的"点—线—面"结构，构成了区域经济的增长极体系。

（三）"点—轴"开发理论

最初由波兰经济家萨伦巴和马利士提出的"点—轴"渐进扩散理论被我国著名经济地理学家陆大道院士丰富和发展，形成了"点—轴"开发理论体系，"点—轴"开发理论也借鉴了中心地理论和增长极理论的部分思想内核。该理论认为在区域经济增长分析中，核心节点城市是区域经济增长的核心，交通干线作为区域间点与点间、点与轴间联系的轴，是多层次中心点间沟通连接的通道和主动力。由核心节点、交通干线轴和市场作用范围三个因素共同构成的增长体系，彼此互动，有机联动。人口和产业布局会在效益的引导

---

① 肖良武，黄臻，罗玲玲. 省域经济增长极选择及培育路径研究［J］. 经济问题，2017（5）.

下，形成点轴空间结构，最终形成地理网络空间结构。"点—轴"开发理论以现实世界中经济要素的作用完全是在一种非均衡条件下发生为前提，揭示了区域经济发展的不均衡性，对整个区域经济发挥牵动作用的机制对区域经济增长问题进行了解释。[1]

在区域经济发展过程中，各种生产要素率先聚集在资源丰富、区位条件优越的核心节点，形成区域增长极。当区域经济核心节点不断集聚产生集聚不经济时，扩散效应会相应增加，节点间的人流、物流、资金流、信息流、能量流扩散交融，并按照沿交通干线辐射的空间规律进行扩散，在区域经济空间结构中表现为"点—轴"骨架。"点轴渐进扩散的主要模式有极核模式、极核—辐射模式、哑铃模式、哑铃—飞地模式、串珠模式、网络化模式"。[2]

三、地缘经济理论

地缘经济学主要依靠地缘关系的优势，实现国与国之间经济往来及国家利益，促进国际关系更加紧密。[3] 一国在有意向与其他国家进行合作时，首选的合作伙伴就是其毗邻的国家，即建立地缘经济关系。地缘经济可以使毗邻的国家运用贸易、区域合作、投资等手段，彼此促进、共同进步，实现区域内经济利益的最大化和国家经济利益最大化。

区域经济一体化是地缘经济学理论的具体表现形式。国家间为了获取区域内经济效应、发挥互补优势、实现与邻近国家的共同发展，会通过友好协商建立区域性的经贸联合体，这就是区域经济一体化。传统地缘政治理论强调对他国的控制，而地缘经济理论则强调以经济合作充当两国关系的"稳定器"，通过经济、文化、科技、劳务等领域的合作，建立非对称的经济依赖关系，实现一定程度的控制和牵制目的。地缘经济中的经济依赖关系是以经济合作和竞争为基础的，它不仅可以直接带来地缘经济利益，还是国家外交

---

[1] 李金峰，时书霞. 丝绸之路经济带甘肃段旅游产业一体化路径选择——基于"点—轴"渐进扩散理论的视角 [J]. 生产力研究，2016 (3).
[2] 吴菊平. 地缘关系视角下的边境旅游发展对策研究 [D]. 昆明：云南师范大学，2018 (6).
[3] 杨文兰. 地缘经济视角下俄罗斯远东地区开发问题研究 [J]. 财经理论研究，2013 (8).

谈判的筹码以及获取地缘政治利益和安全利益的保障。

在地缘经济理论下,"地缘产业"是一个新的提法。地缘产业是以服务国家地缘利益为最终目标的产业类型。地缘产业的目标具有综合利益特点,在两国关系平稳阶段,地缘产业的主旨是追求两国共赢。在非常时期,地缘产业可以迫使对方做决策时不得不考虑万一经济合作中止给本国带来的巨大损失,因而具有威慑和牵制作用,从而延伸本国地缘影响力,创造对自己更有利的地缘环境。在地缘产业选择和发展的过程中,国家应出面支持或指导地缘产业的发展。地缘产业主导的跨国经济合作在追求经济利益、政治利益、安全利益等方面都具有主动性,可使地缘利益保障更具稳定性和长期性。它主要靠经济控制产生的威慑力使一方关切另一方的政治、安全、环境等方面,以避免合作不能继续所带来的企业破产、工人失业等社会经济问题。因此,"地缘产业追求地缘利益的路径可表示为:地缘产业—跨国经济合作(追求地缘经济利益)—经济控制(经济威慑)—追求其他地缘利益"。[①] 大量的先期集聚往往首先来自邻国企业,表现为境外经济合作区的发展,之后才是东道国企业和第三国企业的集聚。边界区企业集聚机制可以分为收益最大化机制和成本最小化机制两部分,低成本战略通常是边界区企业初始集聚的动力,当边界区集聚形成一定规模时,集聚的动力则更多来源于企业的市场最大化战略。

第二节 文献综述

一、关于中俄区域合作的相关研究

中俄区域合作的研究主要分为三个阶段,第一个阶段,20世纪80~90

---

① 渠立权,洪菊花,梁茂林,等. 地缘产业:地缘经济学中一个有价值的研究领域[J]. 地理与地理信息科学,2018(7).

年代是中俄区域合作研究的萌芽时期；第二个阶段从21世纪初至乌克兰危机爆发前，这是中俄区域合作研究的丰富阶段；第三个阶段是乌克兰危机爆发后至今，是中俄区域合作研究的繁荣时期。

在第一个阶段，伴随着20世纪80~90年代中苏边贸的兴起，中国东北地区对苏贸易关系及第一轮远东开发对我国东北地区的影响开始受到学者们（刘秀云，1989；王述英，许明宇，1990；瓦西连科，1997）的关注。站在地缘角度，中俄双方学者普遍赞同远东地区和东北地区发展存在相互影响的关系。俄学者 A.C. 申高兹认为"远东地区远离俄罗斯主要的经济中心。除了某些独特的自然资源外，远东地区的大部分自然资源都可用离中心更近的西伯利亚及乌拉尔地区的资源取而代之。远东地区必定要同东北亚地区的国家进行合作，其中包括中国，尤其是与中国的东北地区各省进行合作"。[1] 俄学者瓦西连科指出"中俄经济关系的发展在许多方面取决于两国的运输系统"。[2] 这一阶段研究的重心还是以笼统论述俄远东及西伯利亚地区和中国东北地区发展的相关关系和边境贸易状况研究为主，在国内外的反响不大。

第二个阶段是21世纪初至乌克兰危机前的10余年间，这段时期关于中俄区域合作研究的内容有所丰富，研究方向趋于多元化，研究成果数量有所增加。在这一时期，第二轮远东开发与东北老工业基地振兴战略的实施使得许多学者对当时的两国区域战略的互动与对接问题给予了格外的关注，其中周延丽、史春阳（2006），岳岩、袁野（2007），朱显平、李天籽（2008，2009）是较早研究此方面问题的学者。周延丽、史春阳（2006）提出俄方开发远东西伯利亚战略与我国振兴东北老工业基地战略有着紧密的联系，为中俄两国的合作搭建了平台。[3] 岳岩、袁野（2007）提出要紧紧把握住俄东

---

[1] A.C. 申高兹. 俄罗斯远东与东北亚地区在自然资源开发领域中的合作 [J]. 西伯利亚研究，2000（8）.

[2] 瓦西连科. 略论今昔铁路运输对发展中国东北与俄远东经济关系的意义 [J]. 西伯利亚研究，1997（6）.

[3] 周延丽，史春阳. 中国东北振兴战略与俄罗斯开发远东战略的联动趋势 [J]. 俄罗斯中亚东欧市场，2006（12）：35-38.

部发展战略，打开俄罗斯东部市场的大门。① 朱显平、李天籽（2008）指出中俄区域间的互动发展应突破人力和自然资源互补性强以及商品为主的传统经贸合作方式的模式，形成以产业合作为重点的模式转变。② 刁秀华、刘畅（2009）认为"俄罗斯远东地区的开发带动了中国东北地区的经济发展，中国东北地区的振兴同样影响着俄东部地区的开发"。③ 针对我国东北地区在与俄方经贸、投资、劳务等合作中存在的贸易逆差严重、合作领域窄、规模小、科技含量低、发展速度不快等方面的问题，李传勋（2003，2009）从经济结构趋同、合作领域利益不一致、政策不协调等方面进行了深入分析，并提出依托大项目合展开合作的对策建议。④ М. Л. 季塔连科（2004）认为俄中双方应牢牢把握历史机遇，充分利用地缘优势、比较优势，大力推动地区的合作。双方的合作已具备相当的基础，但在金融合作方面还较滞后，在高新技术合作方面还有巨大潜力。⑤ 郭连成（2007）指出中俄两国的合作不应该单单局限于贸易往来，应当构建以产业需求为导向的合作模式，推动两国毗邻区域经济合作。⑥ 胡仁霞（2011）探究了俄远东地区与我国东北地区的区位比较优势，剖析了双方贸易合作的阻碍与困境，并据此提出优化双方合作的对策建议。⑦ 殷红（2012）提出制约我国东北与俄远东贸易合作的至关因素是市场环境差及主体断层，应着眼于推动规模化、规范化的贸易合作，建立东北地区对俄合作协调机构，创建东北亚合作协调机制。⑧

第三个阶段是乌克兰危机爆发后至今，我国"一带一路"倡议提出，随着

---

① 岳岩，袁野. 俄罗斯实施东部开发战略及我国东北地区应采取的对策 [J]. 全国商情（经济理论研究），2007（10）.
② 朱显平，李天籽. 俄罗斯东部开发及其与我国东北振兴互动发展的思路 [J]. 东北亚论坛，2008（5）.
③ 刁秀华，刘畅. 俄东部地区开发与中国东北振兴的互动发展 [J]. 西伯利亚研究，2009（5）.
④ 李传勋. 近年来中国东北地区与俄罗斯远东地区贸易合作走势 [J]. 俄罗斯中亚东欧市场，2003（6）：5-11.
⑤ М. Л. 季塔连科. 中国振兴东北战略与俄中合作 [J]. 东北亚论坛，2004（11）.
⑥ 郭连成. 中俄区域经济合作路径探析 [J]. 东北亚论坛，2007（5）.
⑦ 胡仁霞. 中国东北与俄罗斯远东区域经济合作研究 [D]. 长春：吉林大学，2011（5）.
⑧ 殷红. 建立东北地区对俄合作协调机制的必要性及可行性分析——基于俄罗斯远东国际合作地区协调机制的经验 [J]. 东北亚论坛，2012（1）.

中俄战略合作伙伴关系不断升温，中俄全面合作成为国内学界关注的热点问题，各学科从不同角度分别进行了深入的研究。王兵银（2016）指出"中俄毗邻区域同时实施振兴战略的这种耦合，为两国地区经济互动和基础设施建设与互联互通、国际产能、农业生产等领域的务实合作提供了新机遇"。[①]郭连成（2014）通过对俄罗斯东部开发新战略主体目标与框架的详细梳理，对俄罗斯东部开发与中国东北老工业基地振兴的具体互动方向和对接内容进行了深入分析。[②] 刁秀华（2018）指出中俄毗邻地区应互相倚重，建议东北老工业基地新一轮振兴区应在交通基建、物流、农业、渔业等方面与俄东部超前发展区对接合作。[③] 刘清才等分析了"一带一路"框架下东北振兴与俄罗斯远东发展战略的密切联系，提出"两地区应积极开展跨境公路、铁路、港口等基础设施建设，互联互通，建立陆海联运国际交通走廊，拓宽合作领域，深化能源合作，建设欧亚大陆交通走廊和能源运输大动脉"。[④] 在以往定性分析的基础上，部分学者尝试使用定量方法对中俄区域合作问题进行分析。郭连成（2017）运用主成分分析法和引力模型，对我国东北地区和俄远东地区的35个城市的经济联系强度进行了定量分析，探究了中俄东部区域经济之间的关系，提出问题并给出政策建议。[⑤] 杨洋等（2019）根据熵值法对东北地区和俄罗斯远东及贝加尔地区的经济发展水平进行综合评价，得出东北地区的经济总量水平、工业化水平和基础设施水平较高，俄罗斯远东和贝加尔地区的外开放程度和经济增长潜力较高。现阶段双方应重点围绕交通基础设施互联互通、能矿资源、口岸建设、优势产能、农业和劳务六大重

[①] 王兵银. 东北老工业基地振兴与俄远东地区开发的耦合和互动［J］. 东北亚学刊，2016（6）.

[②] 郭连成. 俄罗斯东部开发新战略与中俄区域经济合作的进展评析［J］. 俄罗斯东欧中亚研究，2014（5）.

[③] 刁秀华. 中国东北与俄罗斯远东超前发展区对接合作研究［J］. 财经问题研究，2018（4）.

[④] 刘清才，齐欣. "一带一路"框架下中国东北地区与俄罗斯远东地区发展战略对接与合作［J］. 东北亚论坛，2018（2）.

[⑤] 郭连成，刘度君，陈菁泉. 中俄东部地区城市经济联系测度及促进策略［J］. 财经问题研究，2017（12）.

点领域优先开展合作。[①]

二、关于中俄产业合作的相关研究

郭力（2011）提出应该充分利用优势产业，推动优势产业合作，使产业链向上下游延伸，实现点—线—面相连相成的产业合作模式。[②] 韩宪方、刘继伟（2013）认为两国产业合作模式依据发展状况、投资环境、合作方式等可以分为资金—资源合作、资金—技术合作、建立产业合作示范区三种模式。张建武、薛继亮、李楠（2018）提出中俄两国之间产业互补，中国广阔的市场和强大的资本输出能力以及俄罗斯的丰富资源禀赋和对资本、技术的强烈需求为两国外向型经济合作提供了重要条件，双方在能源、农业和畜牧业、食品、皮革等方面具有巨大的合作潜力。[③] 刘爽（2016）提出中俄发展跨境产业合作需要在投资环境、司法保障、风险控制等方面加大建设力度，力求投资安全和效益最大化。[④] 郝大江、王亚楠（2017）认为"中俄两国产业联动拥有自然资源丰富、产业结构互补、地理区位独特的前提条件，两国需在司法保障、交通基建、产业合作模式等方面进行完善，推动两国经济共同进步"。[⑤] 邓小丽（2015）通过对投入产出表的量化分析对比，提出两国由于产业水平不同从而产生了比较优势，但两国产业也因此可以互补。俄罗斯在农林牧渔、采矿业水平上要高于中国，中国在贸易及交通运输业上优势比较明显，双方在制造业方面各有优势。[⑥] 奥斯特洛夫斯基（2012）提出，中俄两国的贸易合作必须要务实，要加强能源、基建、木材加工、旅游

[①] 杨洋，董锁成，等．东北振兴与俄罗斯远东和贝加尔地区开发战略契合机制研究［J］．资源科学，2019（1）．
[②] 郭力．中俄区域产业合作的经济学考量［J］．俄罗斯东欧中亚研究，2011（5）．
[③] 张建武，薛继亮，李楠．中蒙俄贸易和产业的协调机制和政策研究——基于产业互补和产业替代的视角［J］．开放经济研究，2018（8）．
[④] 刘爽．跨境产业合作的战略定位与重点方向——以黑龙江省为例［J］．学习与探索，2016（12）．
[⑤] 郝大江，王亚楠．"一带一路"战略下中俄两国产业联动路径研究［J］．商业经济，2017（10）．
[⑥] 邓小丽．基于产业关联视角下的中俄经贸合作研究［J］．经济研究导刊，2015（8）．

等众多领域的合作。① 郭晓琼（2017）认为，中俄金融合作水平与当前的两国政治互信和战略合作伙伴关系并不相称，双方在合作的深度和广度方面仍然亟待提升。相对于中国与美国、日本的贸易与投资规模，中国对俄贸易的规模确实很小，这也大大限制了与俄开展金融服务合作。在开展对俄金融服务合作时，中方应重点关注俄罗斯金融环境不佳、金融体系发育落后、金融风险高带来的影响，着力从完善金融合作机制、拓宽金融服务范围、创新金融合作模式等方面入手，加强合作关系的推进。具体来看，应充分发挥中俄金融合作分委会作用；加强本币支付清算体系建设；在汇率方面形成人民币—卢布直接汇率；建立对俄离岸金融市场；推动两国金融主体互相设立分支机构；鼓励金融机构通过兼并、持股、收购等方式实行跨国经营；畅通投融资渠道。②

三、关于黑龙江省对俄经贸合作的相关研究

夏焕新（2011）指出黑龙江省存在对俄经贸合作层次低、投资规模小、企业经营差等问题，未来应推进在俄自然资源开发项目，重点推进国际工程承包合作，鼓励黑龙江省企业赴俄投资。③ 郭力（2012）认为黑龙江省与俄罗斯的贸易合作对中俄双方均具有重要意义并提出双方应在巩固传统贸易优势的基础上重点优化进出口商品结构，促进以技术贸易为先导的产业合作，实现贸易对本区域经济发展的拉动作用。④ 官祥庆、桂英（2018）认为黑龙江省多数口岸城市的涉外经济发展不充分，口岸城市的产业结构集中，在俄投资企业缺少长远规划，存活周期相对较短，存在大量"休眠"企业，与贸易结构相配套的仓储能力较弱，在"一带一路"倡议框架下，黑龙江省应优

---

① 奥斯特洛夫斯基，A. B. 俄罗斯远东和中国东北地区共同发展计划：问题与前景 [J]. 西伯利亚研究，2012（2）.
② 郭晓琼. 中俄金融合作的最新进展及存在的问题 [J]. 欧亚经济，2017（4）.
③ 夏焕新. 新形势下黑龙江省对俄经贸合作的思路与对策 [J]. 俄罗斯东欧中亚市场，2011（2）.
④ 郭力. 中俄边境贸易发展的学理性研究——以黑龙江省与俄罗斯的贸易合作为例 [J]. 国际贸易问题，2012（6）.

化对俄经贸结构，加大对涉外企业扶持力度，完善延伸便利通关基础，加快对俄物流通道建设。[①] 周彬、钟林生等（2013）通过构建生态旅游潜力生态位评价指标体系，使用量化分析模型计算了中俄界江生态旅游潜力、生态位宽度和生态位重叠度，并对黑龙江省沿边地市界河生态旅游潜力区等级进行了分级。他们研究指出，黑龙江省生态旅游潜力要素具有较大的相似性，极易出现同质性竞争现象，应加强生态旅游资源与环境保护，开发特色多元的生态旅游产品，培育和开拓境内外市场，深化境内外生态旅游合作，完善生态旅游设施，针对不同潜力区制定差异性的生态旅游发展对策。[②] 白威、杨玉、刘春宇（2019）指出黑龙江省的经济体量和市场活力十分薄弱，尚未形成有影响力的产业集群，缺少跨境电商企业的竞争业态，产业规模小，这些因素都使得黑龙江省对俄跨境电商的快速发展受到影响，应从加强政府支持和引导、加强物流体系建设、提高跨境物流效率、大力培养对俄跨境电商人才等方面加快建设步伐。[③] 刘爽（2016）提出黑龙江省应大力发展跨境油气资源加工产业、大型运输装备及汽车等生产线、生物制药产业、木材深加工产业，兴建中俄合资的建筑材料、石墨烯、纳米等新材料加工企业、大型绿色食品加工企业等。建立市场规模大、产业链长、区域经济发达的产业集群，搭乘"跨境电子商务"的直通车，以劳务合作促进产业合作，将产业合作项目与俄远东超前发展区计划对接等方式全力打造跨境产业合作的外向型总部经济，实现规模收益递增。在毗邻地区区域合作的同时，向我国其他地区延伸，在更大范围内开展产业合作。[④]

[①] 官祥庆，桂英. 黑龙江省对俄企业发展新特点及问题研究 [J]. 黑龙江金融，2018（5）.
[②] 周彬，钟林生，陈田，张爱平，戚均慧. 基于生态位的黑龙江省中俄界江生态旅游潜力评价 [J]. 资源科学，2014（6）.
[③] 白威，杨玉，刘春宇. 黑龙江省对俄出口跨境电商现状研究 [J]. 商业经济，2019（1）.
[④] 刘爽. 跨境产业合作的战略定位与重点方向——以黑龙江省为例 [J]. 学习与探索，2016（12）.

第二章

中俄边区开发开放的主要国家战略

我国与俄罗斯的边境线长达 4 314 千米①，这一长度在与我国接壤的 15 个国家中仅次于长度为 4 677 千米的中蒙边境线②，位居第二，而在这 4 314 千米的边境线中有 69% 都在黑龙江省域内，长达 2 981.26 千米③。按照经济分区，黑龙江省划属东北地区，与黑龙江接壤的为地属俄远东及贝加尔地区的阿穆尔州、犹太州、哈巴罗夫斯克边疆区、滨海边疆区。本书探讨黑龙江省对俄跨境产业体系发展所涉及的中俄边区国家战略仅限与中国东北与俄远东和贝加尔地区有密切关系且会对这些区域的产业发展产生重要影响的国家战略。

在本书所探讨的中俄国家战略中，"一带一路"倡议具有我国新形势下对外开放的总纲领的性质，新东北振兴战略、俄罗斯的远东开发开放战略和沿边开发开放战略虽也是国家战略，但重心为国家特定地区或特殊地区发展，属于区域发展层面的国家战略，"战略"之下的"策略"意味更浓一些。"一带一路"倡议与俄罗斯的"欧亚经济联盟"同属国际视域层面的国家战略，具有对接合理性。将新东北振兴战略与新远东开发开放战略置于同一层面进行讨论更有意义，也更有"策略"层面的互动对接的实操性。中俄

---

① 资料来源：《中俄国界线东段的补充叙述议定书及其附图》。
② 百度百科. https://baike.baidu.com/item/中蒙边界/4678082.
③ 黑龙江省政府网站. http://www.hlj.gov.cn/sq/.

双方都出台了各自的沿边开发开放战略，以"兴边富民行动"方案为代表的我国沿边开发开放战略与俄罗斯2015年发布并实施的《俄远东联邦区和贝加尔地区等边境地区发展构想》都是专门针对边境地区发展的战略构想。双方战略中的"边区"都有明确的概念界定和特定的区域指向。我国边区开发开放政策实施的时间更早，体系更加完整，政策内容更加具体细致。

第一节 俄远东开发开放新战略

一、俄远东开发开放新战略的实施

叶利钦执政期间，俄罗斯联邦政府于20世纪末发布了《1996～2005年俄罗斯联邦远东及外贝加尔地区经济社会发展专项纲要》，受当时政治经济形势影响，多数相关政策未能得以实施。普京总统执政以来高度重视远东地区发展，将西伯利亚和远东的崛起称为"整个21世纪俄罗斯优先方向"。远东开发在"大欧亚伙伴计划"和"欧亚经济联盟"战略中占据很重要的位置，俄政府提出"向东看"战略，力主"北方航线"开发，指出远东地区是实现俄罗斯复兴梦和推进欧亚经济一体化的重要支撑，翻开了远东开发的新篇章。

（一）国家发展战略升级引领

新远东开发开放战略以远东及贝加尔地区5年中期和5年以上远期经济社会发展专项规划文件为主体，包含地区内和各行业发展的一系列附属文件以及其他专项规划文件。远东开发新战略区别于俄罗斯历史上尤其是叶利钦时代开发战略的主要特征，是它具有目标明确、规划周密、力度空前、强调开放、系统综合的突出特点。

2007年至今，俄罗斯始终将东部开发作为重要战略，先后发布了一系列相关发展规划政策，为确保东部开发战略的顺利实施，提供了引领依据。

2007年,俄罗斯政府发布了《2013年以前远东及外贝加尔地区经济社会发展联邦专项规划》。2019年底,时任俄罗斯总理普京批准远东"三步走"的《2025年前远东和贝加尔地区社会经济发展纲要》,将原有规划的战略实施时间延长至2025年,首次突破5年规划的模式,为远东发展制定了涉及15年的长期发展蓝图,并将远东发展上升至国家战略层面。以上两个规划为俄罗斯远东开发新战略指明了目标,并提出了实施这一战略的基本架构,也意味着对这一战略的贯彻实施取得了重要进展。2012年俄罗斯打破行政管理条块,成立了远东发展部。2013年4月4日,时任俄罗斯总理梅德韦杰夫签署了对农、林、渔、水陆交通运输、能源利用与环境治理等领域产生重要影响的《2018年前远东和贝加尔地区经济社会发展专项规划》和《2007～2015年库页岛(萨哈林州)社会经济发展专项规划》以及12个相关附属规划,标志着俄罗斯远东地区开发战略步入新的篇章。俄政府在2014年6月颁布了《2030年前俄罗斯联邦运输发展战略》,2015年8月批准了《2016～2025年南千岛群岛(萨哈林州)发展纲要构想》和《2013～2025年远东文化和旅游业发展纲要》,2015年10月批准了《俄远东联邦区和贝加尔地区等边境地区发展构想》。2018年11月,为简化俄与中方国际运输和能源项目的协调,俄罗斯政府陆续推出与远东开发开放有关的30余个规划、纲要及相关配套政策,为远东开发全面发展奠定了法律和行政基础。

(二)各种优惠政策积极跟进

俄罗斯设置远东发展部(2019年更名为"远东与北极发展部"),组建远东发展公司,通过采取设立超前社会经济发展区、打造自由港、完善基础设施等措施,为远东开发开放战略的落实提供基本政策支持。

1. 设立"超前社会经济发展区"(以下简称超前发展区)

2013年底,俄总统普京提出要在远东和东西伯利亚地区建立经济特区的构想;2014年底,俄罗斯国家杜马通过了《俄罗斯社会经济超前发展区联邦法》及相关的法律制度;2015年,共青城、哈巴罗夫斯克和纳杰日金斯基被定为经济超前发展区,并且设立相关管理公司和引资署等机构作为俄联邦政府在远东地区的行政服务机构。

2015年起，俄联邦政府先后批准了萨哈共和国（雅库特）的"坎加拉瑟"超前发展区、滨海边疆区的"米哈伊洛夫斯基"超前发展区、"别洛戈尔斯克"超前发展区、堪察加边疆区的"堪察加"超前发展区、"大卡缅"、萨哈林州的"阿穆尔河沿岸"超前发展区、犹太自治州的"阿穆罗·欣甘斯卡亚"超前发展区、阿穆尔州的"南方"超前发展区、"戈尔内沃兹杜赫"超前发展区、楚科奇自治区的"白令戈夫斯基"超前发展区。截至2018年11月份，俄政府在除马加丹州的各个联邦主体共批准18个超前发展区。

为提高联邦主体的投资吸引力和远东联邦区的经济竞争力，超前发展区拥有比经济发展区更大的特权，如自开始赢利起5年内，无须缴纳企业利润税；企业在超前发展区前5年无须缴纳财产税及土地税；矿产开采税税率10年内最高不超过0.8%；社保保险费10年内费率为7.6%，大大缩短增值税补偿手续的办理时间。同时，还实行以下优惠政策：投资者在超前发展区取得入驻企业资格，即可获得租赁生产经营用地的优惠；在海关程序方面，参照自由关税区；加快出口产品增值税退税；入驻企业在法定范围内雇佣外国员工时可免除行政许可程序；超前发展区管理公司负责基建及运营；投资基础设施项目，可享受贷款利率补贴，数额为再融资利率的100%；缩短签发建设及项目投运许可证的期限；缩短国家环保鉴定期限；缩短进行监督检查的时间并取得许可证书；提供保护机制避免行政干扰，规定必须与俄罗斯联邦远东发展部协商后方可采取计划外的检查与监督。

按照功能不同可将超前发展区分为四类。第一类是以哈巴罗夫斯克、共青城和纳杰日金斯基等为代表的工业型园区。截至2016年，在这三个典型园区里共有19家制造类企业，占入驻园区企业数量的绝大多数。此类超前发展区具有两个特点：一是由于基础设施较为完备，较适于发展制造业；二是面向国内外市场，多为地方政府主导招商，吸引了较多的企业入驻。第二类是特色经济型园区。此类超前发展区主要围绕当地传统特色经济基础与优势，纵深发展其特色产业。例如，远东地区的阿穆尔州的别洛戈尔斯克、滨海边疆区的米哈伊洛夫农业区以发展农业、进行食品生产加工作为主要的产业支柱；萨哈林州的山前空气和南方超前发展区及堪察加超前发展区等以自然环境为主要优势发展旅游产业。第三类是以楚科奇自治州的白令戈夫斯基超前发展区和滨海边疆区的大卡缅超前发展区为代表的特定产业型园区。如白令戈夫斯基发展区地区利用其煤炭资源优势发展相关产业；大卡缅发展区利用其区位优势与传统产业优势主要发展造船业。第四类是以阿穆尔—兴甘超前发展区为代表的特定区域的特定项目型园区。该园区凭借与中国相邻的独特区位优势，大力发展物流产业。

2. 打造"自由港"

俄联邦政府在远东地区建立了符拉迪沃斯托克、科尔萨科夫、瓦尼诺、彼得罗巴甫洛夫斯克和佩韦克5个自由港，2018年7月苏维埃港区被纳入符拉迪沃斯托克自由港区域。

俄联邦政府通过制定和修改相关法律为自由港入驻企业提供优惠政策和便利条件，涵盖税收、基础设施、保险、就业、出入境、口岸监管及通关等多个领域，为实现俄罗斯远东地区经济的快速发展建立了良好的投资和营商环境。2015年7月俄罗斯总统普京签署了《关于符拉迪沃斯托克自由港的联邦法律》，对税法典第二部分和部分法律进行修订；2017年11月和2018年8月普京对超前发展区和符拉迪沃斯托克港区相继签署了两个法案，一个是支持大型项目投资者在两类地区投资的相关法案，法案延长了相关入驻企业在营利为零的情况下享受税收优惠的期限；另一个是关于相关入驻企业享有优惠的国家预算外基金保险费率的法案。同时，自2018年以后入驻企业投资规模应分别不少于50万卢布和500万卢布。关于税收方面的政策，依照投资额不同对一直未营利的企业给予不一样的优惠规定，投资额越大，免除未营利企业相关税款的时间越长，例如累计投资额高于850万美元，免除五年未营利企业的相关税款，从第六年开始计税。累计投资额高于1 700万美元，免除六年未营利企业的税款，从第七年开始计税。累计投资额高于17亿美元的大型投资，不但十年内免税，而且将有权享受俄相关养老、社保和强制医疗三个保险基金的优惠保险费率。优惠费率分别为6%的养老基金、1.5%的社保基金和0.1%的医疗保险，相比一般情况下30%的保险费率，幅度如此之大的优惠可见俄政府鼓励投资力度，2025年12月31日前入驻的企业将可享受这一保险费率。除此之外，外国公民自2017年8月起可持电子签证进入符拉迪沃斯托克自由港，次年1月1日，电子签证的适用范围扩大至堪察加和萨哈林地区。

据远东发展集团的数据显示，截至2018年11月份，超前发展区和符拉迪沃斯托克自由港入驻企业达1 275家，申报投资额约为430亿美元，计划创造就业岗位10.9万余个。在1 275家入驻企业中，76家外资企业一半以上都是中国企业，中国33家企业累计投资额达40亿美元，将创造16 233个就业岗位。

3. 实施"远东一公顷土地"法案

为促进人口和资源向远东地区流动，俄罗斯国家杜马于2015年12月18日讨论通过了《关于为公民提供远东联邦区土地的特点及对相关法律进行修订的联邦法律》法案。法案规定政府可向俄公民单次无偿提供远东1公顷土地，同时规定了相应的程序与条件。法案从2016年5月1日起生效，执行至2040年，计划获得地块者可在2035年前通过网络提交相关申请办理相关手续。自2017年2月1日开始，该法案从远东地区居民扩展至所有俄罗斯公民。

据远东发展部资料，截至2018年5月，远东发展部共计收到11.7万份申请，4.3万块土地已被成功认领。其中约1/5的申请来自远东地区，莫斯科市、莫斯科州、圣彼得堡位居前三位。俄罗斯对这项政策配套出台了35项支持措施，包括发展商业奖金、房贷优惠、配额补助、购买农产品机械补助等，并计划再提供一些地块给能够很好地经营"1公顷"土地的公民。

另外，配合"远东1公顷土地"法案，俄罗斯政府将2006年开始实施的俄侨安置计划在2013年进行了调整，新的俄侨安置规则规定了划拨优先安置区，主要是以布里亚特共和国、滨海边疆区、哈巴罗夫斯克边疆区、阿穆尔州等地区为主的远东地区。在这些地区，侨胞将在享受免税运输财产、简化居留许可办理手续、享受医疗免费等优惠基础之上受到政府最大优待，国家也允诺在各个方面对志愿迁居回国的俄侨胞提供保障与支持。

4. 多渠道积极谋划远东开发投融资渠道

俄联邦政府在2010年《远东和贝加尔地区2025年前社会经济发展纲

要》中指出，俄罗斯将在其后三年内对超前发展区投资3760亿卢布，其中政府预算拨款420亿卢布，剩余资金由引资署自行筹得。除政府财政预算拨款外，俄罗斯政府还积极谋划多种投融资平台和渠道。

投资基金在远东地区发展迅速，已成为远东地区筹资的重要途径。其中最具代表性的是俄罗斯远东及贝加尔地区发展基金（简称俄罗斯远东发展基金），它是2011年由俄总统普京提议成立的国家级大型基金。截至2017年6月，该基金资产达到6.14亿美元，通过创建共同投资平台和直接投资基金，已经为高科技、矿业、农业、建筑、旅游业等领域的多个项目建设引入国际投资。目前该基金已与多个国家的投资基金成立联合基金，进行远东地区产业项目投资，如与中国黄金集团合作，设立金额高达10亿美元的合资企业进行俄罗斯采矿业投资。另外，中俄两国还共同设立金额高达100亿美元的投资合作基金，为扩大相互投资提供资金保障。

（三）加强与毗邻国家地区协同合作

俄政府深刻意识到远东地区面积大，人口密度低，基础设施落后，发展资金匮乏，仅靠俄罗斯自身的力量难以实现远东振兴目标。新远东开发开放战略与以往远东开发存在极大的不同，俄罗斯将"开放"与"开发"紧密结合，形成两翼，互为支撑。俄远东开发开放战略的实施主要包括两大方面的举措：一是俄罗斯关于远东地区加大开发的各种支持优惠政策，二是加强远东地区与邻国地区协同合作的各种开放政策。

1. 俄罗斯与中国合作

俄罗斯将与中国展开经济合作作为国内区域经济发展规划实现的重要途径和手段。2003年出台的《1996~2005年及2010年前远东和外贝加尔地区社会经济发展联邦专项纲要》、2007年出台的《2013年前远东和外贝加尔地区经济社会发展联邦专项纲要》、2009年通过的《2025年前远东和贝加尔地区社会经济发展战略》等一系列远东和贝加尔湖地区战略规划中大多涉及俄远东及贝加尔地区与包括中国东北的毗邻地区间跨境合作的相关事宜。

俄罗斯政府直接与中国政府签订了一系列关于两国区域经济合作的规

划。2009年中俄两国政府联合通过《中华人民共和国东北地区与俄罗斯联邦远东及东西伯利亚地区合作规划纲要（2009~2018年）》，明确俄罗斯东部发展战略的主体框架和主要目标。2015年5月，《中俄两国关于深化全面战略协作伙伴关系、倡导合作共赢的联合声明》和《关于丝绸之路经济带建设与欧亚经济联盟建设对接合作的联合声明》在中俄两国共同发表，标志着两国均将区域合作置于战略高度，在强调合作共赢基本原则的同时，对合作的内容也加以补充和深化。2015年，俄联邦政府发布了《2015~2030年俄罗斯北方海航线的综合发展规划》，阐明和强化北方海航线航行安全对俄罗斯国家安全战略意义的同时，也对该航线及周边的发展进行了战略布局。2017年5月，俄联邦总统普京在"一带一路"国际合作高峰论坛上提出："希望中国能利用北极航道，把北极航道同'一带一路'连接起来"；2019年初，俄联邦政府将远东发展部更名为远东与北极发展部，这意味着俄罗斯将北极航道和"冰上丝绸之路"合作作为中俄及相应区域经济合作的重要组成部分。2017年以来，中俄双方领导人多次表达会在未来共同合作建设"海上丝绸之路经济带"和"北极丝绸之路经济带"，为打造"海上环形丝绸之路经济带"奠定基础。2018年5月，中国商务部与俄罗斯主导的欧亚经济委员会共同签订《中国与欧亚经济联盟经贸合作协定》，形成中国与欧亚经济联盟经济合作的基本框架，各方将在海关合作和贸易便利化、知识产权、部门合作、政府采购、电子商务等方面进一步磋商与合作。

2018年9月，中国商务部和俄罗斯远东发展部在第四届东方经济论坛上共同签署《俄中远东地区合作发展规划（2018~2024年）》，具体包括中俄将合作完成的总额为42亿美元的32个项目。该规划中详细列出了中俄合作政府给予的优惠政策和支持，明确了中俄合作产业的主要方向为资源开发与加工产业、农林牧渔相关产业、旅游业，其中俄方将为投资农业领域的中国投资者提供土地优惠政策。规划中还强调了基础设施中的"优先事项"，包括"滨海1号""滨海2号"、国际交通走廊等。这个中俄新的合作发展规划与10年前的规划不同，优先项目清单虽大幅缩减但却更加具体化。

2018年9月中俄双方签署了《关于建立中国东北地区和俄罗斯远东及

贝加尔地区实业理事会的谅解备忘录》，进一步加强了中俄双方企业层面经济合作，并就为企业合作提供便利服务以及合作过程中可能遇到的障碍提出一系列措施，积极推动了两国经济贸易的合作发展。

2. 俄罗斯与日本合作

早在苏联时期，俄罗斯远东地区与日本就有合作，据统计2017年俄日贸易额为170亿美元，日本对俄投资仅20亿美元。在远东地区日本的投资仅占全部外国投资的2%。[①] 在世界能源形势日益紧张的背景下，日本为就近解决能源问题，虽加入了美国对俄制裁行动，但并未采取实质性的大幅度制裁行动。安倍晋三更是提出对俄"新思维"，表达了参与俄远东开发的积极态度。俄罗斯在新远东开发开放战略推进之际，急于通过开放吸引外部资金、技术，这为俄日关系产生微妙变化提供了条件。俄罗斯在远东开发开放中将吸引日本对远东地区的投资和加强经贸合作作为优先发展的战略方向，为此，普京多次会晤安倍晋三，2016年5月在索契会晤时，俄日共同提出了涉及8个领域的经济合作方案，合作地区为日本与俄远东地区，[②] 主要合作领域为能源加工、基础建设等。2016年10月，俄联邦委员会主席马特维延科与安倍晋三在会谈中进一步确认了此前的8项经济合作。2016年11月，俄日商定在经贸合作方面优先推动30个民间经济合作项目。2016年12月，普京在访问日本期间，日俄双方就以石油业为主的矿藏开采、远东工业发展、远东开发、远东地区海港和空港及农业现代化改造、交通拥堵问题、完善大城市下水道和输水管道系统、修建现代化医院等经济合作的具体内容签署了81项协议，其中有23项是关于远东开发中的合作；日本将向俄提供包括民间投资在内总额约达3 000亿日元的资金；另外，双方就放宽签证条件以促进日俄两国的人员交流往来达成共识。2017年3月20日，日俄两国外长和防长举行第二轮"2＋2"会谈，双方就实现在争议岛屿上开展"共同经济活动"达成一致。

---

① Мирного Договора не Будет. Обменяют ли Курилы на Японские Инвестиции？［N］. Аргументы и øакты，2018－09－13.
② 杨莉. 日本参与俄罗斯远东开发方兴未艾［EB/OL］.（2018－10－12）. http：//www.sohu.com/a/259096068_618424.

俄日两国近年来积极推进两国在俄远东地区投资合作，两国成立了一系列的合作机构，主要有俄罗斯远东—北海道经济发展混委会、俄罗斯—日本实业委员会。2018年8月，日本政府新设"俄罗斯经济领域合作担当大臣"职位，由经济产业大臣兼任，两国就投资合作又设立了联合设计办公室以及全新的投资平台，包括俄日食品基金、工业园区基金等。日本在亚洲基础投资建设中将俄远东作为重点合作对象，并且还就专项合作项目进行实地考察。

能源资源是俄日在远东地区的重点合作领域。日本有9%的石油和10%的液化气都是从俄罗斯进口，日本也希望能够进口更多的能源。俄日相继签订了南雅库特原料煤开发、第二次远东森林资源开发以及萨哈林大陆架石油、亚马尔天然气开发等大型合作项目，其中萨哈林油气是日本与俄罗斯合作项目中最重要、最具有分量的合作项目。日本在与俄罗斯能源合作项目中，采取了一系列措施积极参与：一是采取政府援助、低息贷款等手段强化经济合作；二是由政府牵头、企业参与形成大型开发机构，如日俄经济合作委员会，对俄积极开展企业层面与政府层面的多重交流与合作。

2016年，日本国际协力银行与JGC株式会社分别参与了亚马尔天然气的投资与建设，如今亚马尔项目输气线已修建完成一条。2018年日本投资了南雅库特建设，该项目主要是焦烟煤的开采加工。为充分利用俄罗斯的石油资源，日本计划建设一座石油加工厂，从萨哈林铺设管道直达东京，该项目完全由日方投资。俄气公司还计划与日本共同合作建立一个吞吐量为1 500万吨的液化天然气出口码头。在节能与再生能源方面，从2015年双方合作在堪察加建立风能发电装置到2016年准备合作在雅库特极寒条件下建设风能公园，再到2018年日方投资无偿捐助雅库特政府1 000万美元设备款，两国地方合作逐步深化。①

农业合作方面，日本企业，如日本钢铁公司、日本JGC公司等投资2 000万美元在滨海边疆修建温室，并在温室项目中取得成功，日本企业应用冻土带技术种植了西红柿、黄瓜等农作物，已经获得成功，用该方法培育出的大豆、

---

① 张文锋，刁秀华. 俄罗斯"东向战略"下日俄经济外交和经济关系的调整［J］. 现代日本经济，2019（1）.

荞麦都已在日本进行销售。2018年日本泽山（Sawayama）集团公司准备在滨海新区自行生产化肥，利用4个垃圾燃烧场，将废物垃圾进行回收利用种植蔬菜，不仅可以供俄罗斯本地居民享用，还可以出口日本进行销售。

3. 俄罗斯与韩国合作

俄罗斯与韩国的经贸合作经历自20世纪90年代苏联解体后的经贸规模较小且增长缓慢的一段时期后，在2000年后步入快速增长的10年"黄金期"。两国不但贸易总额大幅增长，而且增速惊人（2007年俄韩经贸总额相较前年增速超过50%）。2001年普京访问韩国和2004年时任总统的卢武铉访问俄罗斯对两国加速经贸合作起到了重要的助推作用。在经历2009年全球金融危机导致的短暂回落后，2010年两国经贸合作重新恢复快速增长状态，直至克里米亚危机，俄韩经贸额才出现较大跌幅。但总体来看，全球金融危机后的俄韩经贸仍处于历史高位水平。

韩国作为能源消耗巨大的国家，本土资源却十分匮乏，因此一直对资源丰富的俄远东地区投资表现出非常积极的态度，韩国目前是俄罗斯远东地区的第三大贸易伙伴，主要以能源、交通基础设施合作为主，合资建立了一批企业，如韩国三星集团下属物产公司投资5亿美元和俄罗斯联盟集团跨行业控股公司合作的哈巴罗夫斯克煤油厂现代化改造项目、价值2.5亿美元的韩国财团与俄罗斯石油公司合作的开采西堪察加大陆架项目、俄罗斯天然气工业公司和韩国KOGAS天然气公司从萨哈林岛向韩国供应天然气的项目等。在交通基础设施合作方面，2008年从俄罗斯经过朝鲜至韩国的"哈桑—罗津"铁路项目取得重大进展，俄朝合营公司"Rason Con Trans"成立，依托公司施工建设的从哈桑市到罗津港的铁路线项目2013年运营开工。2014年7月，罗津港口的码头建设基本完工，同年10月第一批货物从俄罗斯出发，通过俄罗斯铁路线，通过朝鲜港口，海运至韩国，韩国通过购买俄朝合资公司的俄方股份的方式积极参与"哈桑—罗津"铁路线项目。在韩俄经济合作中，韩国投资主要集中于俄罗斯自然资源产业，而俄罗斯则主要进口韩国的家用电器设备、塑料、汽车和公交车等。

近年来俄韩经济合作继续加强，双方在农业、汽车制造、电子信息、渔业、造船、航天航空、工程建设以及北极航道开发等领域持续加深合作。俄韩两国建立了合作协商的高级别合作机制——大韩民国—俄罗斯远东和西伯利亚委员会,该委员会是韩俄两国副总理联合经济委员会下属的定期磋商机制,每年举行一次,旨在加强两国之间的合作交流。① 该机制是包含中央、地方的多层次合作机制,韩国方面不但涵盖外交部、战略与财政部、卫生与福利部、农业农村部、海洋与渔业部等中央政府部门,还包括韩国地方州道及市政府成员;俄方也包含俄罗斯联邦渔业、海关及新西伯利亚及远东发展部、俄罗斯远东投资和出口代理处及哈巴等省份的地方政府成员。2017年9月,韩国总统文在寅在俄罗斯符拉迪沃斯托克召开的第三届东方经济论坛上发表韩国"新北方政策"的主旨演讲。为配合"新北方政策",文在寅还提出了具体实施举措"九桥战略",具体是在天然气、铁路、港湾、电力、北极航线、造船、农业、水产、工业园区等九个方面的产业领域与俄方合作。② 俄罗斯对于这一政策持支持态度,积极回应。韩俄双方随即举行了韩俄北极磋商会议。2017年11月,韩俄双方表达了"九桥战略"部分产业领域的投资合作意向,随即韩国投资6.5亿美元用于哈巴罗夫斯克合作项目。俄韩加强了北方航道进一步合作的力度。由于韩国在破冰型汽船领域的技术优势,韩国正准备为开发北方航道建造破冰船,并与俄罗斯共同建设从彼得罗巴甫洛夫斯克—堪察加延伸到摩尔曼斯克的集装箱运输航线。

二、俄远东开发开放新战略要点分析

(一)战略目标

2010年普京签署通过了《2025年前俄罗斯远东和贝加尔地区社会经济发展战略》。该发展战略是在叶利钦时代的《1996~2005年远东和外贝加尔地区社会经济发展联邦专项纲要》基础上形成的。它从全球视角上升到国家

---

①② 郭培清,宋晗."新北方政策"下的韩俄远东—北极合作及对中国启示[J].太平洋学报,2018 (8).

长期战略层面对东部地区开发和发展做出新规划。与之前的规划纲要相比，它在战略定位、发展目标、开发投入力度、重点领域等方面大大提升了规格，将东部发展定位于经济快速发展的亚太地区特别是东北亚地区，利用其地缘优势，发展与中国东北地区以及与东北亚其他国家的经济合作关系，保证俄罗斯资源出口市场的多样化。其规划开发领域广度远超叶利钦时期出台的规划设想。确定了以投资项目带动主导产业乃至整个地区经济开发和发展的目标，明确将发展高新技术产业和创新型经济作为远东地区开发的重点之一，强调远东地区开发与东北亚区域经济合作特别是与中国黑龙江省等毗邻地区的合作。

远东地区经济社会发展是实现俄罗斯复兴梦和推进欧亚经济一体化的重要步骤，因此也是俄罗斯一系列国家战略的重点建设区。俄罗斯计划通过远东开发开放战略实现地区产业结构从单一到多元、从低级到高级的升级和地区高附加值技术性产品研发和生产的大幅提升，在经贸实力和社会发展潜力上更有竞争力、人民生活水平大幅提升从而扭转该地区持续的人口外流状况，实现远东地区作为俄亚太战略的重要支撑，促进经济的发展。依据战略的规划，从2010年到2025年的15年间，俄远东和贝加尔地区居民月均收入水平应增长3.5倍左右，达到月均收入大概2 300美元的俄西部地区人均收入水平；人均住房面积应增长1.7倍；创新产品数量在全部产品中所占的比重应提高7.1%，达到16%的水平。

纲要建议政府按照约每五年一个阶段的三个步骤实现远东地区经济发展的总体目标，第一个阶段（2009～2015年）通过加大投资、提升就业和推广节能技术将远东地区与俄罗斯国家经济的平均增速拉平；第二阶段（2016～2020年）的目标是通过实施大规模能源项目和原材料深加工以及包括公路、铁路、机场和海港等核心运输网络的建设来扩大过境客运、货运量以及出口份额；第三阶段（2021～2025年）的主要任务是在第二阶段开始的主要能源开采及加工出口项目和交通基础设施建设项目全部完成的基础上，重点在高科技、高附加值的创新型经济领域进行突破，力争在科技领域取得领先地位。

（二）重点领域

1. 通过俄东部能源基地建设确保俄罗斯未来继续保持能源大国地位

通过开发新西伯利亚、远东地区及北极的油气资源确保俄罗斯国内能源储备的供应。不断提升俄罗斯远东地区向亚太地区出口能源的比重，使得远东成为新的重要能源出口基地，打造俄罗斯能源出口地多元化格局。①

2. 通过基础设施建设使远东成发展成为联通欧亚的门户和桥梁

将发展远东地区的基础设施建设作为优先发展方向，不断增加基础设施建设的资本投入，充分利用国外资本投入大力发展远东地区的基础设施建设。通过基础设施建设的加强为远东地区的未来发展奠定基础，并成为俄罗斯加入亚太地区的桥头堡，实现将远东地区建设成连通欧亚桥梁的目标。

3. 通过在俄远东发展高新技术产业和加工产业使其成为俄重要出口基地

俄罗斯远东地区不仅要成为亚太地区的重要能源出口基地，还要不断提升地区的产业机构和技术创新能力。俄罗斯将远东地区最终融入亚太一体化进程作为最终目标，这要求其必须在较高端的产业层次具备一定的竞争实力，具备在高新技术领域与亚太地区进行合作和加工出口的能力。

4. 通过加强粮食生产能力使俄远东成为亚太主要粮食出口基地和通道

俄远东地区土地广袤，适于发展种植业。俄罗斯将提升远东地区的粮食生产能力作为重要发展目标。未来俄罗斯将增加粮食出口总量 4 000 万~5 000 万吨，使俄罗斯在世界粮食出口市场上的份额提高到 20%。②

5. 通过 15 年左右的建设期缩小俄远东地区与俄西部地区的地区发展的巨大差距

《俄罗斯联邦远东和贝加尔地区社会经济发展国家纲要》提出 2011~2025 年通过远东地区的"加速战略"，实现远东地区经济社会发展水平达到平均水平的目标。战略目标具体包括 GDP 增速、地区产值的绝对值和结构以及全国占比、财政预算、地区工资水平、人均住房建筑面积、人均寿命、

---

①② 李建民. 普京新时期远东开发的定位和目标 [J]. 国际经济评论, 2013 (5).

地区人口、低保居民比重等指标。按照"加速战略"，俄远东地区到2025年的GDP增速将超过全国平均水平0.5%，地区产值将占到全国的10%以上，工业产值将大幅增长，地区工资水平将高于俄平均水平25%左右，人均住房面积增加50%，人均寿命增加5.6岁，地区人口增加200万人，低保居民比重下降14.9%。

（三）优先发展项目

在远东纲要框架内，共有92个优先发展项目23个最大的配套投资项目，主要集中在骨干交通网络、主干油气管道、能源基础设施、信息通信技术和地面数字传输系统等领域。

1. 优先发展骨干交通、通信网络设施

俄罗斯十分重视铁路、公路及航运等的投资建设。在铁路建设上，优先建设西伯利亚大铁路和贝加尔—阿穆尔干线铁路；优先建设跨阿穆尔河的铁路和公路两用大桥；优先建设萨哈林岛跨海通道等。在公路建设上，优先建设赤塔—哈巴罗夫斯克公路、哈巴罗夫斯克—符拉迪沃斯托克公路及雅库特—楚克奇公路等远东地区主干公路网，并使其与国内主干公路网相连接。在航空建设上，对超过60个机场进行现代化改造，优先推进有利于外贸增长和国际运输业务发展的远东地区国际航空枢纽和提高居民交通便捷程度的国内航空枢纽建设。在通信网络方面，俄罗斯积极搭建光纤线路，使国民能够更快更便捷地使用网络。

2. 优先建设联通欧亚的物流通道

在海运方面，俄罗斯积极建设远东地区港口，促进港口、集装箱货运等相关设施更加现代化，建立大宗商品散装、液体货物机械化自动化系统。除此之外优先发展北方航线，建立所属远东地区的北极地区现代化运输系统，将远东港口建成国际交通走廊和物流枢纽，使俄罗斯与亚太地区、欧洲地区的货物运输更加便捷、更加高效。

3. 优先发展能源基础设施

优先建设东西伯利亚—太平洋石油管道系统，以保障向亚太地区石油出口基地建设目标。优先发展天然气供应系统的一体化，确保天然气的供应与出口更加稳定、可靠。优先发展远东和贝加尔地区统一电力系统，在提高发电能力的同时也要提高电力输送能力，以解决远东和贝加尔地区发电量分布不平衡问题。

4. 优先发展现代产业集群

优先发展能源开采加工的产业集群，如沿"东西伯利亚—太平洋"原油管道建立石油天然气化工综合体，开发萨哈林大陆架，开采雅库特天然气，建设天然气管道、液化气厂等。在创新工业基础上建立宇航、航空制造、造船和汽车制造业等远东高新技术产业集群。

第二节　新东北振兴战略

我国东北地区拥有丰富的自然资源，是中华人民共和国成立后我国重工业的摇篮，在苏联的帮助下东北地区建设了许多以能源、装备制造为主的大型国有企业。随着改革开放的快速发展，东北老工业基地因为体制机制僵化、思想观念落后，国有经济占比过高，开放合作开展滞后等原因面临一系列发展问题。

一、新东北振兴战略的实施

（一）以两个《意见》为蓝本，东北振兴战略初步形成

"振兴东北老工业基地"是中共第十六次全国代表大会的重要战略任务之一。2003年10月5日《关于实施东北地区等老工业基地振兴战略的若干意见》（简称《意见》）出台，这也意味着东北振兴的主导思想基本形成。《意见》明确了"要将东北老工业基地发展成为技术先进、结构合理、功能完善、特色明显、机制灵活、竞争力强的新型产业基地"的发展目标，并将

东北地区定位为未来"我国经济新的重要增长区域"。

2009年国务院出台《关于进一步实施东北地区等老工业基地振兴战略的若干意见》,这是对2003年《意见》的重要补充和发展,以2003年《关于实施东北地区等老工业基地振兴战略的若干意见》和2009年《关于进一步实施东北地区等老工业基地振兴战略的若干意见》为主要蓝本,东北振兴战略的基本框架形成。

(二) 以《东北振兴"十二五"规划》为指引,东北振兴战略全面推进

2012年3月18日中华人民共和国国家发展和改革委员会颁布了《东北振兴"十二五"规划》(简称《规划》)。《规划》提出"十二五"时期是重要的战略机遇期,围绕产业升级转型、科技创新、优化需求结构、统筹协调发展、深化改革开放等领域,提出具体的政策与举措。《东北振兴"十二五"规划》与之前的东北振兴战略文件相比,开始关注扩大开放这一动力机制。强调深化沿海开放和提升沿边开放,明确提出面向俄罗斯远东地区的开放与合作的思路,统筹"引进来"和"走出去"。[1]《规划》提出组织实施《中国东北地区同俄罗斯远东及东西伯利亚地区合作规划纲要(2009~2018)》,支持大连、丹东、黑河、满洲里、珲春、绥芬河等扩大开放,加快建设同江铁路大桥,积极推动黑河、洛古河、东宁大桥等跨境通道建设,建设向东北亚开放的重要枢纽,加强东北地区与毗邻俄边境城市的合作发展,建立中俄地区合作发展基金。

(三) 以《全面振兴意见》和《东北振兴"十三五"规划》出台为标志,新东北振兴战略提档升级

2016年4月26日国务院发布了《关于全面振兴东北地区等老工业基地的若干意见》(简称《全面振兴意见》),指出要牢牢树立起创新、协调、绿

---

[1] 刘清才,齐欣."一带一路"框架下中国东北地区与俄罗斯远东地区发展战略对接与合作 [J]. 东北亚论坛, 2018 (1).

色、开放、共享的发展理念,做好东北振兴与"一带一路"建设、京津冀协同发展、长江经济带发展"三大战略"的衔接与互动,在体制机制、经济结构、创新创业、保障与改善民生方面大力推进,紧紧围绕供给侧结构性改革,提升东北地区的竞争力与活力,解决主要矛盾与问题。2016 年 11 月,中华人民共和国国家发展和改革委员会编制并颁布了《东北振兴"十三五"规划》。《东北振兴"十三五"规划》在上一个五年规划基础上提出东北应积极参与并且大力推进"一带一路"建设,在装备制造与产能方面加快国际合作的步伐,打造我国对外开放的北大门,力争成为东亚地区区域合作枢纽。2016 年 5 月、2018 年 9 月习近平总书记两次亲自来东北调研,并在东北振兴座谈会上发表重要论述,提出优化营商环境、激发创新驱动内生动力、构建协调发展新格局、巩固提升绿色发展优势、建设开放合作高地六个方面要求。新东北振兴战略针对"新东北现象",体现了鲜明的问题导向和协调发展的目标导向。

二、新东北振兴战略要点分析

(一) 新东北振兴的战略目标

《中共中央国务院关于全面振兴东北地区等老工业基地的若干意见》树立了到 2020 年东北振兴与全面建成小康社会同步的目标,届时基本实现经济发展与结构转型改革完成,经济以中高速稳定增长。在这一目标基础上进一步提出中期发展目标,以 10 年为期,将东北打造成为我国经济的支撑带,建造具备国际竞争力的先进装备制造业、重大技术装备战略基地,与此同时发展新型材料、现代农业与科技创新,实现全面振兴。

这一战略目标具体体现为在经济发展水平与质量效益、创新驱动发展能力建设、经济结构调整、人民生活水平和质量、生态环境保护方面取得一系列重要进展。标志性指标要求包括:到 2020 年实现城乡居民人均收入比 2010 年翻一番,全面建成小康社会;地区全员劳动生产率年均增长 6.2%,

达到2020年全国全员劳动生产率人均12万元以上水平；地区用于实验研究发展的经费达到2.1%，自主创新和科技成果转化能力大幅提升，发明专利拥有量达到6.9件/万人，大幅提升科技进步对经济增长的贡献率；服务业增加值达47.4%，三产结构进一步优化改善。自主创新和科技成果转化能力大幅提升；在资源与环境及生态保护治理问题上有显著的改善，水环境质量得到阶段性改善；[①] 棚户区和农村危房改造基本完成，贫困县全部摘帽。

（二）新东北振兴的战略要点

新东北振兴确定了"构建振兴发展新体制""培育振兴发展新动力""提高农业现代化水平""构建现代产业体系""拓展区域发展新空间""促进特殊类型地区转型发展""完善区域基础设施网络""筑牢北方生态安全屏障""构筑向北开放重要窗口""增进人民群众福祉"等十个方面的战略要点。

1. 以优化营商环境为突破，构建新体制

东北振兴发展的关键是解决政府对经济干预多、服务不到位、国有经济占比高的问题，即政府和市场关系不顺、市场这只"无形的手"没有发挥资源配置的重要作用。为此应以改善和优化营商环境为核心，推进行政管理体制改革，深化"放管服"改革。重点要做好加快转变政府职能，深化国企国资改革，大力发展民营经济，推进厂办大集体、林区林场、农垦系统、综合改革试验区等重点专项改革。

2. 以大众创业、万众创新为核心，培育新动力

以国企为核心，以资源大量投入为手段推进的经济社会增长模式已经不可持续。必须把质量和效益提升作为发展方向，大众创业，万众创新，使创新型经济成为推动东北内生发展的重要力量。重点要建立健全创新创业体系，打造建设一批产业与技术创新联盟，响应振兴东北科技创新计划，培育壮大创新创业群体，完善创新创业支持政策，尤其是财政、金融和知识产权

[①] 国家发展和改革委员会2016年11月发布《东北振兴"十三五"规划》。

保护和转化政策。

3. 以现代农业为标准，夯实粮食综合生产能力

利用东北农业鲜明的规模机械化生产优势，构建现代农业产业体系、生产体系和新兴农业经营体系，把东北地区建成国家重要的现代农业生产基地。重点是不断提高粮食综合生产能力、促进农村产业融合发展、深化农村体制改革、建设好美丽宜居乡村。

4. 以优化结构为方向，构建东北地区现代产业体系

在资源衰退企业、产能过剩企业和"僵尸企业"改革处置基础上，提升钢铁、石油、石化、煤炭精深加工水平。引导制造业向效益提升、分工细化、协作紧密方向发展，重塑产业竞争优势，将东北老工业基地打造成为"中国制造2025"的先行区。重点在传统重型装备制造业、汽车工业、高档数控机床和工业机器人等智能制造装备、军民两用高端装备等领域提档升级。国家战略性新兴产业布局重点向东北地区倾斜，培育壮大新能源、新材料等战略性新兴产业和"互联网＋"新业态创新，形成一批新增长点。积极打造林业深加工、农业产品精深加工、现代中蒙药等具有特色的产业集群。积极推动东北地区生产服务业、物流业朝着现代化方向发展。

5. 以协同发展为着眼点，实现区域内外联动发展新空间

实现区域内外衔接互动，陆海协同统筹的区域发展新格局。以城市群建设为抓手，统筹推进三省一区协同发展，重点是推动"哈长沈大"（哈尔滨—长春—沈阳—大连）为主轴的东北地区城市群建设，加快"哈长（哈尔滨—长春）"城市群、"沈大（沈阳—大连）"城市群、沈抚（沈阳—抚顺）同城化建设，打造哈长（哈尔滨—长春）发展轴和哈大齐牡（哈尔滨—大庆—齐齐哈尔—牡丹江）、长吉图（长春—吉林—图们江）发展带、沈阳经济区、辽宁沿海经济带整体竞争力。深化与京津冀地区的分工协作，全面对接京津冀协同发展。依托东北地区国家级新区建设，使对俄服务贸易更加便捷高效，管理体制也更加完善。

6. 以分类施政为手段，促进特殊类型地区转型发展

东北地区存在资源枯竭型、生态退化型、沿边型等多种特殊类型地区，对这些经济社会发展特殊的地区要分类采取不同政策促进其转型发展、保护发展和开放发展的多点支撑、多业并举、多元发展新局面。

7. 以内外联通为目标，强化区域基础设施的发展支撑作用

大力推进哈佳（哈尔滨—佳木斯）、北沈（北京—沈阳）等高铁网络的建设，贯通京哈（北京—哈尔滨）铁路通道。优化干线铁路布局，加快建设沿边铁路、辽中南和哈长城市群城际铁路建设。以打通东北地区内部省份及与区外其他省份交通"瓶颈"为目标，加快国家高速公路网建设及扩容改造。有序推进枢纽机场和干线机场的改建、扩建和迁建，大力发展通用航空产业，重点建设哈尔滨国际航空枢纽。在水路运输方面，加快松花江航电枢纽的建设，推动黑龙江、松花江等与省内内河港口航道的建设。积极建设城市综合客运、货运枢纽。加强交通、电力、能源、信息等方面的基础设施建设，支撑区域各项产业、贸易的发展。

8. 以绿色发展理念为引领，加强北方生态安全屏障建设

推进东北地区资源节约集约利用，树立环境保护底线思维，加强环境综合治理力度。大力倡导绿色生产生活方式，全民动员积极应对气候变化，加强自然生态系统的保护修复。

9. 以"一带一路"建设为牵引，构建国家向北开放重要窗口

以"中蒙俄经济走廊"建设为依托，积极参与"一带一路"建设，加强东北振兴战略与俄远东开发战略对接，在装备制造与产能方面加快国际合作的步伐，打造我国对外开放的北大门，力争成为东亚地区区域合作的枢纽。依托"一带一路"建设，打造以装备制造、战略性新兴产业、服务外包等为特色的外向型产业基地。以优势产业为先导，推进东北地区资源、制造、农林等领域国际产能合作，建设好边境与跨境经济合作区，打造跨境产业链和产业聚集带。统筹使用多种方式，以电站成套设备、铁路货车、新型农机、石油石化、重型数控机床等优势领域为重点，加快推进东北地区装备走出去。优化对外贸易结构，采用跨境电商、市场采购贸易等新型贸易方式，参与推进网上丝绸之路建设。

10. 以生活幸福感提升为标志，切实实现人民共享振兴发展成果

强化东北地区的公共服务保障，实施重大民生工程，支持贫困地区加快发展，不断提高东北地区人民生活水平，使东北地区各族人民群众共享东北振兴的发展成果。

第三节 "一带一路"倡议

一、"一带一路"倡议的实施

（一）提出"一带一路"倡议

2013年9月，在哈萨克斯坦，中国国家主席习近平首次提出了共建"丝绸之路经济带"。2013年9月，国务院总理李克强在中国—东盟博览会上提出愿与东盟各国共建海上丝绸之路，带动东盟腹地发展。2015年2月，我国"一带一路"建设进入实质阶段。由中共中央政治局常委、国务院副总理张高丽主持的推进"一带一路"建设会议在北京召开。随即《推动共建丝绸之路经济带和21世纪海上丝绸之路的愿景与行动》正式发布，这是"一带一路"由倡议进入了全面落实阶段的标志性文件。

（二）与沿线国家签署合作框架协议

"一带一路"倡议提出以来，中共中央及各级地方政府加强与"一带一路"沿线国家的双边及多边合作。通过签署共建"一带一路"合作备忘录以及地区合作规划纲要等方式积极推进"一带一路"倡议。我国充分发挥现有已形成的双边和多边合作机制，通过与沿线各国区域、次区域举办国际论坛、展会等渠道研究推进"一带一路"建设的实施方案，务实推动合作项目实施落实。积极与"一带一路"沿线国家联合举办各类专项投资、贸易、文化交流活动，如丝绸之路（敦煌）国际文化博览会、电影节以及图书展等活动，更深层次地探索"一带一路"的历史文化底蕴。

（三）推动项目建设与协议落实

当前，共建丝绸之路经济带已经正式纳入我国与中亚五国签署的相关政治文件中。我国同俄罗斯、塔吉克斯坦、吉尔吉斯斯坦等都签署了双边合作协议。俄"亚欧联盟"和"远东开发开放"、哈萨克斯坦"光明之路"、塔吉克斯坦"能源交通粮食"等国家层面的战略都与丝绸之路经济带相契合。我国在资源、经济、文化、生态等许多领域上都积极与"一带一路"沿线国家沟通磋商，越来越多的合作项目得以落实开展。

中国积极搭建配套的交通网络，如亚洲公路网、泛亚铁路网规划和建设，开通联结中国与"一带一路"合作国家的公路通路13条，铁路8条。此外，油气管道、跨界桥梁、输电线路、光缆传输系统等基础设施建设取得成果。

二、"一带一路"倡议要点

（一）"一带一路"倡议愿景与发展目标

"一带一路"倡议覆盖亚欧非大陆，东边是经济增长最具活力的东亚经济圈，西边是经济发达的欧洲经济圈，中间是地理位置极其重要的腹地国家。我国21世纪海上丝绸之路的重点是畅通中国沿海—南海—印度洋—欧洲、中国沿海—南海—南太平洋的两个走向的经济带。"一带一路"沿线国家共同打造"中蒙俄（中国—蒙古国—俄罗斯）""新亚欧大陆桥""中国—中亚—西亚""中国—中南半岛""中巴（中国—巴基斯坦）""孟中印缅（孟加拉国—中国—印度—缅甸）"六大经济走廊谋求沿线国家、地区共同发展。

"一带一路"倡议的核心内容在于各国通过合作促进基础设施的建设，协调有序地推进与对接各国的发展战略，抓住机遇，研究落实合作项目，优化投资环境，实现国与国之间的互利共赢。"一带一路"原则在于共商、共享、共建，互利互惠，增进国与国之间的理解与信任，因此也可以称"一带一路"是和平友谊之路。中方一直倡导全方位的务实合作，在政治、经济、文化等方面相互包容、相互支持，打造利益共同体、命运共同体和责任共同体。

（二）"一带一路"国内各地发展定位

从国内来看，丝绸之路经济带和 21 世纪海上丝绸之路包括我国新疆、重庆、陕西、甘肃、宁夏、青海、内蒙古、黑龙江、吉林、辽宁、广西、云南、西藏、上海、福建、广东、浙江、海南共计 18 个省（自治区、直辖市）。对这些地区的发展定位：将福建作为 21 世纪海上丝绸之路核心区，依托上海自由贸易试验区、粤港澳大湾区、浙江海洋经济发展示范区、福建海峡蓝色经济试验区和舟山群岛新区、海南国际旅游岛以及沿海城市港口、国际枢纽机场建设进行东南向开放带建设；将广西作为 21 世纪海上丝绸之路与丝绸之路经济带有机衔接的重要门户；将黑龙江、吉林、辽宁、内蒙古作为面向东北亚和国家北向开放的重要窗口，打造长吉图开发开放先导区为东北亚核心区域；将新疆作为西向开放重要窗口和丝绸之路经济带核心区，建设交通、商贸物流、文化科教等中心，重点深化与中亚、南亚、西亚等国家交流合作；将陕西、甘肃、宁夏、青海四地作为面向中亚、南亚、西亚国家的通道枢纽及文化交流基地；将云南作为面向南亚、东南亚的辐射中心；将重庆作为西部开发重要支撑点；将郑州、武汉、长沙、成都、南昌、合肥等作为内陆开放型经济高地。

在"一带一路"六大走廊之中，除中蒙俄经济走廊和中巴经济走廊外，其他四个经济走廊建设途经国家较多，且国家间关系复杂。而中巴经济走廊线路较短，涉及的区域仅限亚洲狭小区域。相比较而言，中蒙俄经济走廊建设是最具有可行性的，国内环境相对稳定，三国之间贸易往来频繁，涉及的地域广大，贯穿欧亚大陆。

三、"中蒙俄经济走廊"建设概况

俄罗斯位于"一带一路"北线之上并连接欧洲，地域辽阔。同时它保存有苏联遗留下来的发达的军事工业和科技实力，在中亚和中东欧地区具有传统影响力。俄罗斯与中国东北部及西北部接壤，形成中俄蒙经济带，因此无论从地缘经济还是从地缘政治上看，俄罗斯都是"一带一路"成功与否的关键国家。与俄罗斯的合作情况也会间接影响"一带一路"经中亚延伸的所有丝路带的合作进展。

2013年，中国国家主席习近平提出"一带一路"倡议以来，我国与周边国家共建中蒙俄、新亚欧大陆桥、中国—中亚—西亚、中国—中南半岛、中巴、孟中印缅六大经济走廊，中蒙俄经济走廊是其中之一。2014年9月11日，习近平在主席出席中蒙俄三国元首会晤时，首次提出了倡议，希望三国可以携手并进，共同打造中蒙俄经济合作走廊。2015年7月9日，习近平主席与同俄罗斯总统普京、蒙古国总统额勒贝格道尔吉进行了二次会晤，三国政府联合签署了《关于编制建设中蒙俄经济走廊规划纲要的谅解备忘录》，中国与蒙古国形成了稳固的战略伙伴关系，与俄罗斯更是形成了坚固的战略协作伙伴关系，三国积极组织成立了副外长级别的磋商机制，以求合作更加高效、便捷。2016年9月13日《建设中蒙俄经济走廊规划纲要》正式公布，标志着首个在"一带一路"倡议构想下的多变合作规划启动运行。此后，三国又共同签署了多个框架性文件、协议等。例如，三国有关部门分别签署了《关于创建便利条件促进中俄蒙三国贸易发展的合作框架协定》《关于中俄蒙边境口岸发展领域合作的框架协定》等，大大推动了"中蒙俄经济走廊"的发展建设。

截至目前，满洲里综合保税区已于2016年12月封关运营，鄂尔多斯综合保税区已获批复设立。中俄最大陆路口岸城市——内蒙古自治区满洲里市的中俄互市贸易区于2017年8月正式封闭运营。2017年5月12日，蒙古总理额尔登巴特来华出席"一带一路"国际合作高峰论坛，与中方共同签署了《中华人民共和国商务部和蒙古国对外关系部关于启动中国—蒙古自由贸易协定联合可行性研究的谅解备忘录》，正式启动双边自贸区的建设。2018年12月10日，在乌兰巴托举行《建设中蒙俄经济走廊规划纲要》实施的三方磋商，商议了开发铁路和公路运输、能源、旅游等领域的联合项目以及在乌兰巴托建立投资设计中心的问题，并商定于2019年上半年举行相关工作组主席会晤。

四、"中蒙俄经济走廊"建设要点

中蒙俄经济走廊分为东西两条线路。首先是西线，西线起始于京津冀，中至呼和浩特，到达蒙古和俄罗斯，京津冀是我国北方最具经济活力的地区，该条线路可联通天津港、秦皇岛港至中蒙二连浩特——扎门乌德跨境经济合作区，与乌兰巴托铁路相接，与欧亚铁路连接至欧洲大陆，推动我国内蒙古自治区和蒙古国共同发展。打造中蒙沿线交通经济带，加快沿线地区货物流通，带动整条道路沿线地区经济发展。中蒙俄经济走廊的东线以东北地区的大连、沈阳、长春、哈尔滨为起始点，满洲里为连接枢纽，终点到俄罗斯赤塔。该条线路连接大连港、锦州港、中国东北三省至满洲里综合保税区，延伸到俄罗斯远东地区，与俄罗斯欧亚大铁路对接至欧洲腹地。东线不仅仅是中蒙俄经济走廊的一部分，更是振兴东北的重要支撑。

（一）促进交通基础设施发展及互联互通

中蒙俄三方共同规划发展公路、铁路、航空、港口、口岸等，在基础设施及跨境物流方面的建设更是加大力度。具体包括：完善中蒙俄的铁路、公路运输网络；协商关税条件，为跨境运输提供技术服务支持；促进国际通关、换装、多式联运的有效衔接；推进国际联运信息交换；发展中蒙俄航空运输的互联互通；建立交通枢纽港口，增添国际集装箱运输班列。

（二）加强口岸建设和海关、检验检疫监管

对中蒙俄口岸进行翻新和功能性改造，充分发挥口岸的卫生防控职能，加强信息流通以便于执法互助。具体措施包括：优化检疫及货物监管的流程，同时提高口岸的过客过货能力，增加口岸吞吐量；积极推动动植物检疫、传染病检测及突发卫生医疗事件等方面的优化建设。为提升食品过境便

利化程度，加强食品过境贸易监管领域的合作。

（三）加强产能与投资合作

加强中俄蒙三国在资源开发、能源开发、农林牧、制造业等方面的合作，通过打造产能等合作聚集区，形成完整的产业链，实现三国协同发展的格局；在电信网络方面，继续推进电子商务的合作，提高中转流量。推动中蒙俄在能源方面的合作；支持高新科技产业合作园区的设立，积极开展中蒙俄创新科技合作与互动；开展中蒙俄卫星应用服务合作。

（四）深化经贸合作

发展中蒙俄边境贸易水平，调整优化贸易结构，增加贸易合作的数量，形成更大的经贸合作规模。继续扩大传统农产品、能源矿产、纺织品等相关产业贸易规模；加强中蒙俄在装备制造、高新技术产品的合作；加强中蒙俄在服务贸易领域的交流合作；在信息技术方面推进业务流程和关键技术的外包，开拓软件、数据等方面的市场；建立跨境经济合作区；构建边境产业链体系，从原产品的获得到加工，再到投资贸易，实现一体化流程。

（五）拓展人文交流合作

着重深化教育、科技、文化、旅游、卫生等方面的合作，促进人员流通，推进文化交流，积极发展旅游业，提高旅游产品多样性，开辟跨境跨区域旅游线路；增强教育及科研所之间的信息交流能力；加强中蒙俄在知识产权法律制度及相关培训的交流合作；深入开展中蒙俄戏剧、音乐、电影、文化遗产保护等文化领域的交流合作。

（六）加强生态环保合作

争取建立中蒙俄生态信息平台，共享生态保护等领域的信息及技术。开展生物多样性、湿地保护、防火护林、防灾减灾及荒漠化等领域的信息交流和技术交流合作。

（七）推动地方及边境地区合作

鼓励中蒙俄各地地方政府将经济走廊建设实施方案汇总编册，务实推动三地地方及边境地区合作，推动中蒙俄次区域合作机制，建设一批地方开放合作平台，共同推进中蒙俄经济走廊建设。

第四节　沿边开发开放战略

一、沿边开发开放战略的实施

1991～2017年，为促进我国沿边地区开发开放，从边贸互市、财政税收、跨境结算等多个领域，国家颁布、实施了一系列政策。其中具有重要全局指导性的是2013年国务院发布的《关于加快沿边地区开发开放的若干意见》和2015年12月份发布的《国务院关于支持沿边重点地区开发开放若干政策措施的意见》。在这两个边区开发开放指导性文件的基础上，2016年《中共中央关于制定国民经济和社会发展第十三个五年规划的建议》进一步从全局角度明确了要推动边境地区建立跨境合作区及经济合作区，这一发展沿边开发开放战略能够促进沿边经济的发展。同时，在《国务院关于支持沿边重点地区开发开放若干政策措施的意见》中开篇就提到"深入推进兴边富民行动"，这意味着自1998年由国家民委倡议发起，在中华人民共和国国民经济和社会发展第十一个五年规划（简称"十一五"）至"十三五"时期持续推进的"兴边富民行动"在广义范围内，已经统筹归入国务院的沿边开放开放战略的范畴。

2017年《关于印发兴边富民行动"十三五"规划的通知》正式印发，其中提到，边境地区的发展要融入"一带一路"建设，并且与我国2020年全面建成小康社会相同步；提高沿边民生保障水平，使边境居民能够安居乐业；发展具有地域特色的产业，支撑当地经济发展；改善生态环境，使边境地区美丽富饶、和谐安定，巩固边境地区的稳定局面。

二、沿边重点地区开发开放的战略要点

沿边重点区域主要包括重点开发开放试验区、沿边国家级口岸、边境城市、经济合作区这四类区域。沿边重点地区开发开放本着稳定沿边地区安定，促进沿边地区经济发展的原则，从经济、社会、国家等层面将进行规划和发展，从兴边富民、人员往来、加工物流、旅游、基建等八个方面提出了相关政策措施。

第一，深入推进兴边富民行动，实现稳边安边兴边。第二，改革体制机制，促进要素流动便利化。第三，调整贸易结构，大力推进贸易方式转变。第四，实施差异化扶持政策，促进特色优势产业发展。第五，提升旅游开放水平，促进边境旅游繁荣发展。第六，加强基础设施建设，提高支撑保障水平。第七，加大财税支持力度，促进经济社会跨越式发展。第八，鼓励金融创新与开放，提升金融服务水平。

三、《"十三五"兴边富民规划》的行动要点

《兴边富民行动"十三五"规划》（简称《规划》）依据沿边地区具体情况，分别从六个方面展开了规划。一是围绕强基固边，推进沿边地区基础设施的建设，包括交通、水利、信息等相关设施的建设与维护。二是围绕民生安边，推进沿边精准扶贫的落实，解决贫困人口衣食住行等问题，实现全面脱贫。三是围绕产业兴边，发展边境地区的特色产业，形成产业链条及产业园区。四是围绕开放睦边，提高沿边地区的开放水平，紧紧围绕"一带一路"建设实现贸易结构、方式的现代化转变。五是围绕生态护边，保障边境地区的生态环境。六是围绕团结稳边，维护边境地区各族人民的切身利益，团结紧密各民族人民，建设和谐边疆。

《规划》里提出边境建设刻不容缓,要优先发展沿边地区改革创新,出台"精准"的政策,对不同情况的不同地区采取差别化的政策支持。国家优先支持的部分边境县市在边民扶持、财政、金融、土地、社会保障、资源开发和生态保护补偿、对口支援等7个方面得到了政府的大力支持。要按照"国家支持、省负总责、市级联动、县级落实"的方针,组织领导边境地区紧密团结合作,如期完成发展规划、任务及目标。

四、黑龙江和内蒙古东北部地区沿边开发战略的实施及要点

2013年9月,国务院正式批复《黑龙江和内蒙古东北部地区沿边开发开放规划》。规划中的两地区面积达到70.7万平方千米,如此辽阔的地区,不仅是我国对俄贸易的重要地区,也是全国边境地区改革开放的排头兵,规划期为2013～2020年,展望到2025年。

(一)战略定位

黑龙江和内蒙古东北部地区以国家开发战略为核心依据,着力开放开发,转变产业结构,完善边境城镇体系,推进基础设施的建设及内外对接,加快边境地区的发展,加强生态保护建设。两地区的发展能够大力推进我国沿边地区的经济发展,保障我国东北部的生态安全,更能建设成为对俄经贸合作的重要枢纽。

1. 我国沿边开放新高地

利用独特的地域优势及政策优势,率先迈出对外开放的步伐,转变合作发展的方式,改善投资环境和开放体制,成为与俄及东北亚经贸合作的重要平台。

2. 我国面向俄罗斯及东北亚开放的重要枢纽站

以跨境通道和口岸建设为重点,着重在陆海空及管道运输方面加强基础设施建设的力度,形成连接俄罗斯与我国内地的主干通路,联通东北亚的辅干通路,配套建设相关的基础设施,打造更加便捷、高速的国际大通道。

3. 我国沿边重要经济增长区域

发展沿边地区特色优势产业，提高相关产业的科技创新水平，着力构建国内外联通的产业链结构，从原料加工到最后销售出口，做强做大。发展外向型产业，在粮食生产、绿色食品生产加工及大型装备制造、能源保护等产业建设园区基地。

4. 我国东北地区重要生态安全屏障

大力加强我国东北地区的生态保护，东北地区生态资源丰富，尤其是森林、草原等方面，要加大力度支持、保护富饶的黑土地，发展可持续的经济，维护东北地区生态平衡和安全。

（二）发展目标

第一个发展目标是到 2020 年，一是要全面实现沿边地区与全国同步步入小康社会；二是要建设完成沿边地区重要的贸易枢纽和桥头堡；三是要建设完成以口岸城镇及重要城市为中心的城镇体系；四是就经济具体指标，要实现沿边地区人均产值 84 500 元，可支配收入达 4 300 元，城镇化率至少达到 65%，对俄出进出口贸易总额带到 700 亿美元，对俄投资年平均增长率达到 20% 以上；五是在沿边外向型产业体系的基础上，建设配套基础设施，提高边境的公共服务能力，增强沿边地区生态安全屏障。

第二个发展目标是到 2025 年，建设完成并投入使用的沿边地区重要贸易枢纽和桥头堡得以巩固和发展，成为我国具有重要支撑力的经济增长区。沿边开放基本完成，小康社会也全面实现，经济繁荣，民族团结，和谐稳定，生态环境良好。

（三）总体布局

沿边开放战略根据沿边各地区的区位优势、经济发展基础以及资源环境承载力，制定了围绕中心城市、边境口岸和开放通道，形成以边境地区为先导带、绥满铁路沿线地区为支撑带、其他区域为带动区的"两带一区"总体布局。沿边开发开放先导带初步规划形成牡绥、三江、兴安和呼满同步开放的格局。沿边开发开放支撑带以哈尔滨市的市辖区、宾县、双城区、宁安市、呼伦贝尔市的海拉尔区、鄂温克族自治旗等地区为主，依托绥满铁路、绥满高速公路和哈大齐（哈尔滨—大庆—齐齐哈尔）工业走廊，充分发挥区域城市群辐射能力，发展特色产业、推进科技发展、发展总部经济，重点开发该段装备制造、食品加工、医药生产加工、能源开发、物流及文化等产业的发展，还要继续推进金融服务、合作平台及交通枢纽的建设。沿边开发开放带动区包括哈尔滨市的依兰县、莫力达瓦达斡尔族自治旗、鄂伦春自治旗等地区。要发挥其独特的自然资源环境优势，发展农业、畜牧业、资源开采与加工、新能源、材料加工等产业，继续推进城乡一体化及现代农业，建设成为我国重要的粮食产地、绿色畜牧产品重要产地及承接产业转移基地。

"两带一区"的整体规划和布局明显指出了未来的发展方向，先导带作为排头兵和示范兵承担着强化对外开放的任务，是沿边地区发展合作的主力；支撑主要带动区域经济，起到辐射带动作用，保障先导带和带动区的发展，主要发展总部经济、制造业及现代服务业；带动区衔接着先导带和支撑带，作为桥梁，起到沟通连接作用，同时也能大大增强自身发展水平。

（四）战略要点分析

1. 提升合作平台建设与开放水平

加快境内合作平台建设。完善已经建成的服务平台，推进合作区、保税区等的建设发展，在此基础上建立面向俄罗斯及东北亚的合作平台。大力推进黑河、绥芬河、满洲里边境经济合作区的建设，并在此基础上在部分成熟区域设立综合保税区，推动并规范中俄边民贸易区的发展。发挥哈大齐国家高新技术产业开发区及哈尔滨等地的经济开发区的作用，推进境外合作园区建设。依据俄罗斯产业特点发挥便捷优势，实现贸易的双赢，积极推进跨境产业链的发展、上下游产业的有机衔接。支持乌苏里斯克经济贸易合作区发展。加快境外经济贸易合作区、工业园区等平台的建设。

优化口岸产业布局，改善边境贸易环境，加强口岸通关功能，规范贸易秩序，促进边境产业转型升级，打造品牌效应，促进将优质产品销往国外的营销中心及电子商务平台的搭建，打造全新的外贸优势。

坚持"走出去"和"引进来"相结合，提高境外投资的规模及水平，加大力度发挥产业优势，打造特色产业。拓宽与俄罗斯的贸易通道，在石油石化、机械制造、重大装备制造等方面结成合作联盟，在中俄毗邻地区继续巩固和推动跨境基础设施建设、森林资源开发与加工、农业、能源等方面的发展，鼓励企业跨境投资，鼓励投资技术密集型产业，支持企业利用境外资本上市，积极利用国际金融组织的优惠政策进行融资贷款。

2. 实现沿边城镇发展与城乡一体化

根据国家相关规划要求，优化城镇布局，提升城市功能，加强新农村建设，形成区域互联互通，中心发达城市辐射带动的格局；加快发展绥芬河市、东宁市、黑河、同江、满洲里等重点口岸城镇；加强以哈尔滨为代表的区域中心城市建设。

3. 建设科学的产业布局与开放型产业体系

依据国家总体布局，继续推进产业结构优化与升级，加快农业现代化步伐，紧紧围绕中国新型特色工业化道路，提高服务质量与水平，形成以农业现代化、工业现代化、服务业现代化为基础、主体及支撑的产业体系。

4. 提高基础设施建设与开放保障能力

根据规划要求，必须加快交通、能源、水利、信息等基础设施的一体化建设，形成完整、高效、安全的基础设施体系，为其他产业领域的发展提供强有力的支撑。

5. 改善社会事业发展与边疆民生

坚持民生优先，加快教育、文化、卫生社会事业发展，完善就业和社会保障的制度安排，推进基本公共服务均等化，建设开放和谐新边疆。

6. 生态建设与环境治理

坚持以生态环境治理为首要任务，资源节约为根本，提高资源利用水平，打造东北地区生态环境的绿色屏障。

第三章

中俄边区开发开放战略互动的思路及主要内容

第一节 中俄边区开发开放国家战略的耦合关系

耦合关系是指两个事物之间存在相互作用和相互影响。两个事物通过相互作用产生增力的现象，即耦合效应，或称互动效应。两事物间存在耦合关系是产生互动效应的基础。

一、中俄边区开发开放国家战略耦合关系形成的基础

（一）基于国家利益共识，形成紧密的战略合作伙伴关系

目前，国际格局正处于大变革中，世界经济疲软，地区安全局势动荡及各种不确定性因素加剧。2014年的乌克兰危机导致俄罗斯与西方关系复杂化，俄罗斯西部地缘政治安全环境也面临严重威胁。北约在俄罗斯西部部署重兵，将其排除于"八国集团"，并对其实行多轮经济制裁。据俄罗斯经济发展部数据显示，截至2018年底，共有62个国家对俄罗斯产品采取了贸易限制，俄罗斯损失总额约63亿美元，其中48起反倾销措施导致26亿美元

损失，91起非关税限制导致14亿美元损失。俄罗斯冶金工业与农业受贸易限制的影响最大，欧盟与美国对俄罗斯采取最严格的限制措施，分别对俄罗斯采取24.2亿美元和11.7亿美元的限制措施。对俄罗斯来说，加强亚太合作的重要性是不言而喻的。从中国的角度来看，奥巴马政府的"重返亚太战略"和"亚太再平衡战略"和特朗普政府的"印太构想"其实质都是坚持"中国威胁论"，不惜对中国发动全面贸易战。

美国和俄罗斯关系紧张尤其是在克里米亚危机后，俄罗斯从原来的重视西部的欧洲区域发展到越来越重视亚太发展的重要性，将远东发展作为亚太战略的重要内容，提出了"欧亚经济联盟"战略和"北方航线"的开发，亚太地区的地缘经济重要性在地缘政治的基础上更加凸显其战略价值。美国的贸易战和经济制裁，促使中国和俄罗斯基于各自国家利益的共识将政治亲密伙伴关系向经济合作密切伙伴关系进一步深化。

振兴西伯利亚与远东地区经济是俄罗斯融入亚太经济一体化的主要动力之一。目前，全球已形成了以美国为核心的北美价值链、以德国为核心的欧洲价值链和以日本、中国为核心的亚洲价值链，每个经济体都通过嵌入各区域价值链参与全球生产分工网络。俄罗斯国内政界和学界非常清楚西伯利亚与远东地区经济发展落后，而且与亚太地区的经济联系十分薄弱。利用西伯利亚与远东地区的地缘、资源和交通运输优势参与亚太经济合作，加强与中国的经贸与投资合作的想法在俄罗斯具有广泛的影响。中国目前正在尝试将影响力从亚太地区扩张至全球，但亚太地区是基础和核心。中俄两国国家领导人多次在公开场合表示对"一带一路"倡议与"欧亚经济联盟"互相支持，两国将合作开发北方航线（冰上丝绸之路），共建"中蒙俄经济走廊"并在俄远东与中国东北发展中相互积极参与，这说明双方都意识到稳定亚太地区各自的影响力绝不是一个只有竞争而无合作的博弈过程，双方必须基于国家利益在各领域合作更加密切才能实现共赢。

（二）展开积极合作是双方各自边区战略实现不可或缺的条件

俄罗斯是一个跨越欧亚大陆的国家，俄罗斯远东地区面积广阔，达到

621.59万平方千米，占俄罗斯领土的36.4%。[①] 俄罗斯远东地区拥有丰富的地下矿产和自然资源，它紧邻海洋，并直接与亚、美、欧三个大陆相连，是名副其实的战略陆海通道和交通枢纽。根据俄总统普京的目标，2024年远东地区的宏观经济环境和经济增长率要达到中国、日本、韩国等邻国的平均水平。根据《2025年前俄罗斯远东和贝加尔地区社会经济发展战略》的规划，俄罗斯远东和贝加尔湖地区居民收入水平应从2010年的每月1.9万卢布（1美元约合29.7卢布）增至2025年的6.6万卢布；人均住房面积从2010年的19平方米增至2025年的32平方米；创新产品数量在全部产品中所占的比重从2010年的8.9%增至2025年的16%。俄罗斯将分三步实现投资增长速度提高、完成核心运输网络建设、增加原材料深加工产品出口份额、创新型经济发展、高科技产品出口增加、大型能源和交通项目实施完成等一系列经济发展目标。

达到普京总统为远东地区发展设计的蓝图，横亘在理想与现实之间的困难重重。俄罗斯远东地区的经济和基础设施与俄罗斯其他地区和最发达的俄罗斯市场分开，远东和西部地区内部交通运输联系极低，人口密度低，远东极地和北部地区的高花费、高补贴和货物运输的季节性，市场规则不健全，市场环境不佳等都是制约经济发展的因素，远东开发开放急需解决人力、资金、技术和先进管理经验方面存在的多个"瓶颈"问题。中国与俄罗斯两国间有高度的政治互信，建立了较完备的产业体系，产品的多样性在世界上居于前列，人口众多形成了对农产品和能源资源类产品巨大市场需求，同时在钢铁、水泥、平板玻璃、造船、光伏等基础设施建设方面有很多优势。这些资源、产业、市场及其他方面的优势可以帮助俄远东地区解决发展中存在的问题。

（三）中俄边区位置毗邻，具有绝佳的地缘合作优势

中国东北和俄远东从地缘角度来说同属东北亚重要地区，从地缘经济发

[①] 资料来源：商务部《对外投资合作国别（地区）指南——俄罗斯》（2018年版）。

展水平来说，是仅次于日、韩的东北亚次区域的第二梯队。中国东北地区与俄罗斯有长达 4 314①千米的边境线。根据地缘经济理论，边界"中介效应"将增加中俄两地区边界带来的直接经济联系和经济合作机会，因此，中俄边界经济联系和经济交往具有一定的自然优势和更有利的经济合作基础。虽然，中国东北地区与俄罗斯远东地区的资源要素禀赋及经济发展水平差异较大，但随着区域间资源要素和经济发展水平梯度差异的增加，区域间相互作用的频率将更高。

东北老工业基地振兴战略实施以来，政府积极推进公路网建设，促进铁路电气化。拥有全国69%对俄边境线的黑龙江省已经建立了较为发达的对俄立体交通网络。以哈尔滨为中心，呈放射状延伸至中俄边境口岸的铁路、公路和水运系统，与俄罗斯远东和西伯利亚交通干线紧密相连。客货运量分别占全国对俄客货流量的1/2 和1/3。对俄中心城市哈尔滨已形成对俄主要城市的空中航线网络，每年对俄客运量都达到15 万人次以上。② 全国最大的陆路对俄口岸满洲里和第三大口岸绥芬河分别与俄罗斯后贝加尔铁路和远东铁路接轨。对俄通航河流的总通航里程为 7 570 千米。良好的中俄交通基础设施互联互通状态将为中俄发挥好地缘经济优势提供强有力的助力。东北地区与俄罗斯远东地区的经济合作，促进邻近地区相关产业的升级，无论是对中国东北老工业基地的振兴，还是对俄罗斯远东地区的发展，都具有重要的战略意义。③

（四）中俄边区禀赋比较优势差异大，具有资源互补特征

俄罗斯远东地域辽阔，是资源和能源的"宝库"。这里自然资源品种多，富含铜、镍、锌、铁、钦等有色金属，金、银等贵金属，钨、铟、锡等稀有金属矿藏。天然气、煤炭、森林资源、土地资源、水资源等蕴藏量也极为丰

---

① 资料来源：《中俄国界线东段的补充叙述议定书及其附图》。
② 人民网．哈尔滨市航空、铁路、高速公路建设迅猛发展　为建设国际交通枢纽城市提供巨大支撑［EB/OL］．（2019－07－08）．http：//hlj.people.com.cn/n2/2019/0708/c220027－33118726.html．
③ 郭连成．中俄区域经济合作路径探析明［J］．东北亚论坛，2007，16（3）：3－9．

富。但俄罗斯缺乏将资源优势转化为经济优势的各种条件，包括运输、物流、农业技术、劳动力、资本、市场环境等。与俄罗斯相比，我国东北老工业基地自然资源相对稀少，以农林牧渔为代表的第一产业发达，被称为中国粮仓。农业现代化步伐较快，农业生产技术水平较高。畜牧业和林下、林中经济具有一定规模，未来将为国内外提供物种多样、优质味美的农副产品，它可以弥补俄罗斯远东地区农业资源相对短缺的不利条件。随着工业化步伐的推进加快，对石油、天然气、钢铁、木材等资源的需求也在增加。东北地区的粮食蔬菜和奶制品等不仅能够满足自己，而且大量出口。此外，东北老工业基地拥有大量的产业技术工人和农村剩余劳动力，劳动力成本低，这些劳动力普遍具有熟练的产品加工、工程承包、农业种植、养殖等技术优势。中国东北地区与俄罗斯远东地区具有各自的资源优势，具有强大的经济互补性。中俄之间强有力的互补性会催化两地区间的资源、产业和科技等方面的交流与合作不断深化。

首先，东北三省第二产业门类齐全，有完整且较为先进的重化工业体系，且集聚效应明显，具备对外输送产能、带动区域经济发展的能力。这为工业体系亟待开发的俄罗斯远东地区提供了潜在合作吸引力。与俄罗斯远东地区相比，东北三省拥有更为丰富、素质更高的劳动力资源。其次，东北三省在地理位置上是有利的。东北三省地处东北亚的中心地带，由于沿边沿江优势，历史上黑龙江省、吉林省、辽宁省就与俄罗斯拥有密切的边贸往来，边民互市是双方边境地区人民民生的重要内容。在区域主义浪潮席卷全球的趋势下，中俄双方均有进一步提升合作空间的共同诉求。要素禀赋优势和地理位置优势结合，使得东北老工业基地融入"一带一路"建设成为必然。

（五）区域平衡发展节奏同步，使中俄边区产生政策共振红利

长期以来，俄罗斯各联邦区之间经济竞争力存在明显不平衡。中央联邦区、西北联邦区和乌拉尔联邦区经济竞争力最强，属俄罗斯第一梯队；伏尔加沿岸联邦区次之，南方联邦区、北高加索联邦区和远东联邦区最差，且各地区经济发展不平衡的固化现象显著。一直以来，俄罗斯的发展重点是西部

即欧洲部分,对远东投资开发力度不足,远东经济社会发展不足、人口大量流失。2000~2004年,俄罗斯地区政策侧重加强边境地区与相邻地区的合作,同时试图通过财政补贴方式遏制地区失衡。2005年以后,俄罗斯区域政策的重点已经调整,布局联邦区发展战略、建设经济特区、依托项目投资培育地区增长极等成为区域政策主要方向。自2014年以来,远东地区发展成为俄罗斯区域政策的重中之重。① 基于地缘政治因素俄罗斯有意识地将战略重心向东部转移,这不但是出于地缘政治安全的需要,也是俄罗斯经济社会均衡、可持续发展的现实需要。俄罗斯东西部经济发展的"不对称"状态和严重失衡限制了整体国力。联邦政府深切认识到西伯利亚和远东地区的发展水平直接关系到俄罗斯"强国富民"战略能否到达预期目标。俄罗斯区域发展的战略性调整需要加大东部地区资源开发和产业发展的力度。2014年9月,负责统管监督整个区域发展的俄罗斯地区发展部被撤销,相关职能转交经济发展部和建设部,只留下两个"区域部门":远东发展部和北高加索事务部。至此,在促进区域发展方面,俄罗斯开启了"区域部门"时代。以此为标志,俄罗斯维护北高加索地区稳定与发展,着力建设远东地区,推动东部地区发展的政策取向更加明显。②

从国内上来看,我国的改革开放在带来率先开放地区快速发展的同时,也产生了区域发展严重失衡问题。东部沿海地区发达省份与中西部、东北的经济发展差距逐步扩大。为解决区域经济发展不平衡问题,政府推出了西部大开发、东北振兴、中部崛起等区域发展战略,适时地推进了全面建成小康社会、全面深化改革、全面依法治国、全国从严治党的"四个全面"和经济建设、政治建设、文化建设、社会建设、生态文明建设"五位一体"战略规划和总体布局的调整。"共同小康"意味着解决结构问题是未来的战略重点,解决不对称开放导致的区域经济发展失衡也是我国"一带一路"倡议提出的重要动因之一。

从国际上来看,欧盟、美国的国际发展战略给我们的启示是经济大国的

---

①② 高际香. 俄罗斯区域经济社会发展:失衡与政策选择 [J]. 俄罗斯东欧中亚研究, 2016(6):67-80.

开放格局应保持多向开放以应对全球格局变化,这需要从始终以亚太为中心的单一开放向多个扇面开放转变。作为一个经济大国,中国应利用"多扇面"开放应对不同方向的对外联系。不同开放扇面的应对策略应该根据该扇面面对的区域格局对象和特点有所侧重,进行差异化的发展,保持灵活性和更好的调整空间性。这样才能因势利导,依托内部腹地的优势资源、条件以及既有基础发展优势产业,并通过交通走廊、港口联系等实现腹地的拓展与延伸,带动腹地一体嵌入全球生产体系,融入世界市场。我国的"一带一路"是在原有"大陆亚洲体系"基础上推进"开放的海洋和大陆整合体系"的一种尝试。一种新的局面可能正在出现,即中国国内国际两个大局以一种前所未有的并进贯通之势融入新世界秩序的构建之中。俄罗斯、中亚为支点的西向、北向跨陆海开放、东向南向的海洋开放、从东至西内陆地带的国内一体化交织于"一带一路"全面开放蓝图之中,在中国致力于打造"人类命运共同体"的进程中,中国国内的一体化进程将得以启动,东西部发展严重不平衡的局面可能被打破。[①]

二、影响中俄边区开发开放国家战略耦合互动的要素

本书立足黑龙江省对俄跨境产业体系发展问题探讨中俄边区国家战略的互动,为力求主线突出,以新东北振兴战略和俄远东开发开放新战略的互动为主线,重点进行影响耦合效应要素的分析。

(一) 新战略实施过程中的国际国内环境变化

资源依赖型经济增长模式、地区均衡发展的要求、国家利益的亚太重心转移等因素都是俄罗斯采取"向东看"加大远东地区开发力度的重要原因。2007 年俄罗斯开始成立由总理牵头的远东和后贝加尔地区发展问题国家委员会,全权负责推进远东开发的相关事宜。随后在该国家委员会的第一次正

---

① 杨成. 丝绸之路经济带——构想的背景、潜在挑战和未来走势 [J]. 欧亚经济, 2014 (4).

式会议上,首次提出了未来50年内俄罗斯东部地区发展与改革的整体战略构想。2010年普京批准了《2025年前远东和贝加尔地区社会经济发展纲要》,这意味着远东开发正式上升为新的国家战略。普京早在2012年总统选举前发表的《俄罗斯和变化中的世界》中就提到了亚太地区的重要战略意义,他将与俄罗斯亚太地区的关系置于与欧美的关系之前,建议俄罗斯与新亚洲一体化进程尽快接轨。随着2013年乌克兰危机、2014年克里米亚事件的影响,受欧美制裁挤压以及国际油价下跌的影响,俄罗斯经济遭到巨大冲击。俄罗斯认为要摆脱经济、政治的困境,必须改变战略方向,积极发展与包括中国在内的亚太国家的经贸往来与合作,减轻对欧洲市场的过度依赖。俄罗斯加快远东开发步伐,各项优惠措施密集出台,政策力度空前。

中国的东北振兴是2003年时任总理温家宝首次提出的。2008年世界金融危机使东北经济受到较大影响,资源严重依赖、经济机构转型滞后等问题在糟糕的外部环境下充分显现,东北经济出现"断崖式下滑"。2009年国务院发布了《关于进一步实施东北地区等老工业基地振兴战略的若干意见》。中共第十八次全国代表大会以来,2012年、2016年中华人民共和国发展和改革委员会先后制定了东北振兴"十二五""十三五"规划。2016年、2018年习近平总书记先后两次赴东北三省考察调研并作出重要指示,在全国两会期间还专门到东北三省代表团参加审议,系统地提出了关于东北振兴的许多重要论述。新东北全面振兴战略与上一轮东北振兴战略最大的不同在于,国家在区域均衡发展及全面开放态度上有了质的飞跃,经过十余年的发展,大国战略更加成熟,国际化前景更加开阔。

因此,无论是新远东开发开放战略还是新东北振兴战略都是两国国内外环境出现新形势背景下调整形成的。两国政府在对国际环境、地区形势和国内主要矛盾判断基本稳定的条件下,中俄边区国家战略互动的前景是让人充满期待的。

(二)新战略的目标设定及调整

作为各自国家的顶层战略,我国的"一带一路"倡议和俄罗斯"欧亚经济联盟"战略同时指向欧亚地区，尤其是都将中亚地区作为战略核心地区，因此不可避免地有合作同时也存在竞争。但就中国东北与远东的次区域合作而言，则合作性比竞争性更加突出。"一带一路"短期目标集中在交通运输和基础设施互联互通，"一带一路"的路桥建设虽然可以帮助俄罗斯加快"中国—欧洲走廊"俄罗斯段的现代化改造和集约经营，然而，这也将影响西伯利亚铁路和贝加尔—阿穆尔铁路的运输份额，这将相对削弱俄罗斯在亚太地区的影响力。在远景谋划的北方航线方面，俄罗斯一方面希望中国在北方航线开发建设上积极参与，一方面又对北方航线基础设施的使用和运行中的中国影响力存在顾虑。

如我们仅将合作重心落到路桥建设上，中方受益明显优于俄方时，不利于长远合作。虽然东北老工业基地产业集聚程度较高，但工业技术水平和产业技术关联度不够，难以保持持续增长势头。以省域为单位建立的老工业体系，虽然各有特色，但是省域之间相对独立，关联度不高，难以实现有效分工和专业化，抑制了创新的空间。新东北振兴战略是以东北地区建立市场体制机制和产业转型升级为核心的发展战略。东北产业转型升级的过程中应加大跨省、跨境产业合作和专业化分工，释放创新的空间，增进协调，以设施联通、机制联通、产业联通带动新一轮的东北振兴。中远期新东北振兴战略与俄新远东开发开放战略的互动与对接目标应设定为在中俄双方关切的产业聚集与联动领域，争取取得重要进展。突出中俄跨境产业链体系的建设，会为东北产业振兴提供更加广阔的空间，也会消除俄方阻力，增加双方战略对接对俄地方产生的吸引力。俄罗斯远东地区产业薄弱，俄远东地区建设对俄罗斯最有吸引力的关键点应该是产业建设，尤其是与可以长期稳定合作的中国共同建立的产业链体系，这不但可以相对摆脱对欧洲的产业依赖，也有利于有效改善俄罗斯亚太地区影响力水平。通过中俄边境地区的产业发展，形成辐射效应，实现国内经济协调均衡发展。两国通过各自的区域发展战略培育新的经济增长极是共同的愿望。随着区域发展战略的推进，两国共同期待的经济发展辐射作用的耦合效应将日益明显。通过东北全面振兴与俄远东开发开放的产业耦合效应，积极互动，让俄罗斯尝到甜头，形成互利共赢的格局是保证双方务实对接的重要因素。中俄可以共同建立经贸合作区和开发区，形成相互依存的产业链。产业的选择应为双方共同需要，能够引领当地的产业布局解决当地就业问题，并且能够使得财政状况改善和实现经济腾飞。产业链的核心区域应该像发挥溢出效应的中心城市一样，使周边地区得益。

（三）新战略实现路径的深度和广度

2013 年，习近平主席将俄罗斯作为他访问的第一个国家，双方联合发表《合作共赢、深化全面战略协作伙伴关系的联合声明》，向全世界展示了中俄睦邻友好关系的独特性和全面战略合作的稳定性，随即双方批准《〈中俄睦邻友好合作条约〉实施纲要（2013～2016 年）》并签署 30 多项经济技术合作协定。2014 年乌克兰危机爆发后，中俄签署《中俄关于全面战略协作伙伴关系新阶段的联合声明》，使两国关系更具内在活力和发展前景。2015 年，习近平主席与普京总统先后共同出席中俄两国分别举办的世界反法西斯战争胜利 70 周年纪念活动，在世界范围内引起了极大的反响。两国领导人签署《中华人民共和国与俄罗斯联邦关于丝绸之路经济带建设和欧亚经济联盟建设对接合作的联合声明》以及《中华人民共和国和俄罗斯联邦关于深化全面战略协作伙伴关系、倡导合作共赢的联合声明》，这标志着中俄关系进入了更高水平的运行轨道。2016 年是《中俄睦邻友好条约》签署 15 周年，也是双方建立战略协作伙伴关系 20 周年，双方签署《中俄联合声明》，再次为全面战略协作伙伴关系注入新的动力。2017 年 7 月，普京总统在克里姆林宫授予习近平圣安德烈·佩尔沃兹方内勋章，这是俄罗斯国家最高荣誉勋章。2018 年 6 月，习近平主席在人民大会堂授予普京总统中国国家对外最高荣誉勋章——友谊勋章。2018 年，习近平主席与普京总统共举行了 4 次会面，多边场合的会面次数更加频繁。正如习近平主席在 2017 年第六次访俄时所说"两国全面战略协作伙伴关系处于历史最好时期"，俄普京总统则表示"中俄之间的相互理解达到前所未有水平""中俄在未来的很长历史时期都是战略伙伴"。

中俄高度政治与战略互信为中俄边区新战略的实现提供了以往未曾有过

的更多新选择。新东北振兴与俄远东开发开放战略互动对接的领域在深度和广度上都可以加速进行大幅延展，这是中俄高度政治与战略互信的外溢效应的充分体现，必将有效增加中俄边区新国家战略互动影响的增力效果。俄新远东开发开放战略在原有主要依赖国内财政投入开发的方式向国内增加投入和更多吸引外资、内外并举合作开发的方式转变；俄远东和中国东北可以共同进行营商环境优化的经验交流和合作；东北地区可以通过与中国东部地区的合作增加区域的协同效应和开放性。深入推进振兴东北与京津冀协调发展，与长江三角洲地区经济发展、粤港澳大湾区建设等国家重大战略的对接和交流合作，使国内南北互动和境内外远东与东北互动结合起来；东北地区与俄远东通过自贸区建设、跨境产业链建设等探索东北亚次区域一体化新模式等。中俄战略对接必将使双方的合作从传统意义上的能源、军工贸易、能源项目、交通运输和基础设施建设投资合作升级到经济技术、农产品贸易、跨境电商为代表的新兴经济产业，并向着跨境产业链等次区域一体化等高级合作模式过渡。中俄两国在自然资源禀赋、经济发展水平和各自战略的内容上虽然有着各自的特点，但总体的目标和路径却有着客观内在的必然联系。由于两国经济战略在发展中的共同需求，它们逐渐形成了各自区域发展中利益的一致性，这也是影响耦合性不断形成的关键性要素。

（四）新战略的推进机制

俄罗斯在2004年9月设立地区发展部进行各联邦区域发展的国家管理，远东及贝加尔地区是受管辖的八个联邦地区之一。当时的远东开发主要依靠联邦区长期和中期发展规划牵引，通过在俄罗斯联邦投资基金项目中设立地区项目和设立经济特区的方式发展地方经济。2012年，远东发展部成立，"2014年9月，统管整体区域发展的俄罗斯地区发展部被撤销，相关职能转移到经济发展部和建设部，仅保留两个地区部：远东发展部和北高加索事务部"，[1] 俄罗斯对远东开发的重视可见一斑，莫斯科在加大对远东财政资金

---

[1] 高际香. 俄罗斯区域经济社会发展：失衡与政策选择［J］. 俄罗斯东欧中亚研究，2016（6）：68 - 80.

及优惠政策支持的同时，正在给远东地方联邦越来越大的自主权，2014年以来，设立超前经济社会发展区、打造自由港、实施"远东一公顷土地"法案等优惠政策接踵而来，政策措施之密度、强度在历史上是独一无二的。

如前所述，新一轮远东开发开放与之前的远东开发相比最大的特色还在于突出"开放"带来的外部资源流入的作用，俄远东正在朝着"加强市场化管理，弱化国家管理"的方向努力。远东希望通过得天独厚的资源优势和力度空前的优惠政策吸引更多国内外投资者，尤其是亚太投资者参与到远东开发中来。近年来，中俄最高领导人的频繁会谈虽都是两国战略大局，但每每必会务实落脚于具体合作事务，尤其是远东地区的开发建设。中俄在推进远东地区开发的机制上已经构建起自中央到地方的完整体系。目前，中俄高层交往合作机制的数量和覆盖面逐步扩大，发展包括中俄元首定期互访以及中俄总理定期会晤机制、中俄议会合作委员会、中俄能源合作委员会、中俄投资合作委员会、中俄人文合作委员会、东北地区和俄罗斯远东及贝加尔地区政府间合作委员会、中俄政府间军事技术合作委员会、中国东北与俄远东地区地方合作理事会、中俄执法安全合作机制、中共中央办公厅同俄总统办公厅交流合作机制、中俄战略安全磋商、中国长江中上游地区和俄罗斯伏尔加河沿岸联邦区地方合作理事会在内的14个固定机制。这些机制均得到双方官方层面的认可，双方在机制框架下每年至少举行一次会晤，及时对上次会晤以来的双边关系和有关领域合作成果进行梳理和总结，并规划下一阶段的发展。此外，俄罗斯与中国还正在研究建立两个新的地方合作机制：俄罗斯中央联邦区和中国大北京地区、俄罗斯西北联邦区和中国长江三角洲地区——上海及相邻省份。在这些双方政府合作机制中，专门针对中国东北与俄远东及贝加尔次区域合作的机制包括中国东北与俄远东地区地方合作理事会和中国东北地区和俄远东及贝加尔地区政府间合作委员会。

2015年5月，中国和俄罗斯国家元首在莫斯科会晤时，达成了关于成立中国东北地区和俄罗斯远东地区地方合作理事会的共识。同年9月，合作理事会中方主席、国务院副总理汪洋和俄方主席、俄罗斯副总理特鲁特涅夫在符拉迪沃斯托克共同主持召开了理事会第一次会议。理事会的第二次会议于

2016年10月20日在北京召开。2016年11月中俄总理决定改组原有机制，并成立新的政府间合作委员会。该委员会将负责中俄双方在中国黑龙江、辽宁、吉林、内蒙古、俄远东及贝加尔地区的合作项目实施。政府间合作委员会日益成为推进中俄远东开发合作的政府层面主要渠道。目前，委员会已经分别在2017年9月9日和2018年8月21日于哈巴罗夫斯克、大连举行两次会议，中国国务院副总理汪洋和胡春华分别出席了两次会晤。

第二节 中俄边区开发开放战略互动的基本思路

高水平战略互动是破解同为各自国家发展滞后地区振兴难题的有效途径。互动是指彼此交互或相互变化的过程。本书所指的互动，特指双方战略的良性互动，即远东开发开放与东北地区振兴之间相互作用而彼此发生积极改变的过程。

一、增加中俄双方战略目标交叉性以提升利益诉求的对称依存度

新远东开发开放的思路是立足资源与地缘优势通过对外开放，特别是向亚太地区开放，吸纳建设资金、先进技术和现代管理经验，加速远东发展，最终融入亚太经济圈。吸引外部资源，如资金、技术、管理经验向远东聚集是俄方预期目标，而且从目前远东发展势头来看已经初见成效。2014～2018年，远东经济发展速度和吸引外资规模均领先俄罗斯全国。中国是俄罗斯最大的贸易伙伴国和外资来源国，中国占远东吸引外资的80%。

参与远东开发对中国最有吸引力的则是远东地区丰富能源、自然资源的利用前景和未来向西开放新通道及北极开发的可能性。国家对东北地区发展的定位是通过完善市场经济体制机制和优化产业结构和经济结构，更好地稳定东北经济和社会发展，保障东北发挥好在国家国防安全、粮食安全、生态安全、能源安全、产业安全方面的重要战略作用，将东北地区发展为先进装

备制造业、重大技术装备、重要技术创新与研发、新型原材料和现代农业生产方面的基地，建成全国重要经济支撑带。同时，东北也是我国扇形全面开放格局中的重要一面，其定位是向北开放的重要窗口和东北亚地区合作的中心枢纽。

保持双方战略目标利益诉求的对称依存度是保障互动对接实效的重要原则。要推动双方战略互动对接取得实质性进展，需要在尊重两国边区利益诉求与合作意愿基础上，深入分析中俄双方面临的新形势，全面梳理双方战略目标的异同、互补性和交叉点，积极呼应国家利益和战略关切。"中国制造"在全球市场占有绝对竞争优势的高端产品并未在俄罗斯市场占有重要份额，这些高端工业产品俄罗斯主要从欧洲发达国家输入，从而使中国对于俄罗斯的经贸关系处于相对劣势的局面。两相比较，俄罗斯资源能源类产品多属于不可再生产品，在国际市场上更加紧俏，处于优势地位，对于一般消费品来说具有不可替代性，某种程度上可以随意选择出口对象国并拥有自主定价权；而中国制造的一般消费品在国际市场上多是可替代性强的商品，对于俄罗斯来讲处于一种可选择的地位。虽然中俄两国经济结构互有优势，对于双方商品也互有需求，但也要在互有愿望的前提下才能实现双方真正意义上的经济互补，进而形成一种"共生性"的关系，因此中国在同俄罗斯经贸关系中处于被动劣势地位。也正是这种双边经贸关系的不对称性，影响了当前两国之间经贸的结构、类型和规模。

俄罗斯依赖从西方国家进口的一些高端制造业设备和电子元件。2014年的乌克兰危机引发了西方对俄罗斯的经济制裁，切断了俄罗斯从西方进口高端设备的渠道，也中断了与乌克兰的技术合作，俄罗斯迫切需要寻找新的合作伙伴来发展高科技产业。目前，中俄的产能合作主要以能源资源和基础设施项目为主，而在俄罗斯希望的高科技领域对接合作的项目不多，进展不大。中俄两国在实施各自的区域经济发展战略时都体现了"点—轴"发展理论的思想，具体来说就是以发展运输通道为轴心，发展通道周边的重要城市和重要生产要素，促进经济发展优势的不断聚集，进而形成新的经济发展增长极，实现国内区域经济的快速发展。中俄间的合作应由过去单纯经贸为主向经贸和加工并重转变，从过去单纯口岸经济向口岸及腹地纵深延伸转变，从过去单纯经贸合作向经济、人文、社会、生态等多领域合作转变。同时，利用中国与俄罗斯经济结构高度互补的现实情况，发挥好各自优势，进一步深化两国间的产业经济合作，力争围绕重点产业合作打造成跨境产业集群，推动产业和经贸同步发展，进而拉动两国经济持续稳步发展。中俄跨境产业链可以为两国经济发展优势聚集、两国优势互补提供广阔的合作空间，是俄方有效吸引资本、技术，增加人口密集程度，提高远东地区居民收入的持续、可靠的重要途径。在中俄跨境产业体系发展的过程中，俄方大量资源向中国输入是伴随价值链增值过程的，通过跨行业贸易和跨境经济产业合作，中俄双方的经济合作更加紧密，这既能有效打消俄方认为中国将远东地区视为能源及原料供应基地的顾虑，也完全符合东北振兴的基本思路。中国和俄罗斯可以通过跨境产业体系形成具有明显辐射效应的带状经济发展区域，从而促进该区域两国经济的持续一体化、生产要素不断流动，进而激发耦合效应影响的释放和实现。

俄罗斯的布局重点在东部哈巴罗夫边疆区和滨海边疆区，其目的在于面向太平洋发展与中国、日本、韩国、朝鲜的关系，参与和扩大东北亚、东亚、南亚的经贸合作竞争，增强地缘政治影响力和国际政治话语权。我国的布局应从中俄两国的实际需要出发，例如北部的合作，要在接触、磨合中引导对接合作。应将对俄跨境产业体系构建提升到地缘产业的高度来对待，将其规划、发展纳入国家发展大局，从战略上认真研究和综合考量，并给予重点政策支持。

二、抓紧落实已有合作规划项目提升互动对接的示范引领效应

2009年中俄双方签署的《中国东北地区同俄罗斯远东及东西伯利亚地区合作规划纲要》中包含200多个规划合作项目，但实际运作中很多都被中途搁置，甚至从未启动。国家层面推进的规划项目未能按计划推进落实会给市场以"谨慎投资"的信号，这带来了极为消极的示范效应。在中俄高层高

度重视务实合作的背景下，重点关注关键领域重大项目推进，具有事半功倍的积极示范效应，从而会更加有利于形成以企业投资为主体、市场为导向、商业运作为特征的广泛主体参与的中俄合作体系。

2018年6月《中俄联合公报》中重点强调了"持续深化两国投资合作，充分发挥中俄投资合作委员会统筹协调作用，加强两国经济和具体领域发展战略、规划和措施协调，不断提升两国投资合作规模和水平""推动在工业及高科技领域的合作，重点落实大型合作项目，建立稳固的产业链"等事项。2018年9月在第四届东方论坛期间，我国商务部和俄罗斯远东发展部共同签署《俄中远东地区合作发展规划（2018～2024年）》，该规划是一份指导两国在俄罗斯远东地区开展合作的纲领性文件，也是两国地方政府和企业合作的行动指南。规划包括中俄将合作完成的总额为42亿美元的32个项目。这个中俄新的合作发展规划与10年前的规划不同，优先项目清单虽大幅减少但却更加具体化，充分展现了双方高层对落地项目的务实态度更加明确。当前，如期推进这32个项目会带来重要的引导和示范效应，将会对观望投资者产生重大影响。2018年9月11日～12日，习近平主席参加第四届东方经济论坛时亲自宣布了中方成立总规模达1000亿元人民币的"中俄地区合作发展投资基金"的消息。中俄地区合作发展投资基金由国务院批准设立，国家电力投资集团、中国核工业集团等发起成立，通过政府引导、市场化运作，重点支持中俄重大项目落地，这充分显示了我国在落实《俄中远东地区合作发展规划（2018～2024年）》项目投资方面的决心。

中俄双方在交通基础设施、油气、煤电等能源领域合作的稳步推进给市场投资传递了良好的信号。但更能调动市场投资积极性的还是关于高科技、新能源、金融等新兴产业领域的投资合作项目。在市场前景广阔的民航领域，我国自主研发的C919大型客机，截至2019年4月，已经拿下29家用户的超1000架的订单，充分显示了C919的市场前景。C919的核心部件生产分别由沈阳飞机工业集团、西安飞机工业集团、哈尔滨哈飞工业有限责任公司等企业负责，最后交给上海中国商飞有限公司进行整体装配。2016年6月25日，在习近平主席与普京总统见证下，中国商飞与俄罗斯联合航空制造集团签署了项目合资合同。2017年5月22日，双方企业在上海共同成立了合资公司——中俄国际商用飞机有限责任公司。在C919窄体客机基础上，中俄合作研发宽体客机CR-929，使得中俄在宽体客机与美欧竞争上取得重大突破。随着C919、CR-929的生产和交付，以及中俄其他重要航空产品的合作研发生产，在沈阳、西安、哈尔滨、成都和南昌建立的我国航空产业的核心城市网络将更加稳定，并会加速上述城市和上海为核心的华东、东北、西北、西南、中部五大航空产业集群的形成。中国国内的航空市场加上俄罗斯的航空市场和中俄合作产品在宽体飞机上不断取得的技术竞争力会为围绕中俄航空产业合作的相关产业打开巨大的发展空间。

2016年，在李克强总理访问俄罗斯期间，他和俄罗斯总理梅德韦杰夫共同发表了《关于深化民用核能合作的联合声明》，确定双方在新建核电、快堆、核安全、第三国核电、核技术应用等领域深化合作，实现互利共赢。经过两年多的谈判，中俄签署了多项合作协议。2018年6月，在青岛举办的上合组织峰会前夕，中国核工业集团公司和俄罗斯国家原子能集团在人民大会堂签署《田湾核电站7/8号机组框架合同》《徐大堡核电站框架合同》和《中国示范快堆设备供应及服务采购框架合同》，达成了迄今为止最大的中俄核电合作项目，总合同金额超过200亿元，项目总造价超1 000亿人民币。部分原定使用美国西屋公司设计的AP1000技术的机组改用俄方VVER-1200型三代核电机组和AES-91型核电机组技术。这已经成为中俄在核能领域高科技合作的标志性项目。扩大中俄在先进核技术领域的合作将为中俄在许多关键领域的重点合作起到很好的示范效应。2018年12月，田湾核电二期工程（3、4号机组）全面投入运行。田湾二期工程两台机组如期全面投入运行后，年发电量可用于约1 000万户中国家庭一年使用，预计每年减排效益相当于在长江三角洲地区种植了超过3.5万公顷的绿色森林。

在交通运输设备领域，俄罗斯正处于大规模建设基础设施阶段，有庞大的公路、机场和高速铁路建设计划。俄罗斯重工业生产组装、大型工程建造等相关生产与运输工程机械设备需求巨大。中国企业在上述产业具有较强的国际竞争力，不仅拥有自主品牌，而且拥有先进的技术水平，2017年机械制造已经成为欧亚经济联盟工业发展的重点。中国800吨级矿山挖掘机首次进入俄罗斯市场，中联重科、三一重工、徐工集团、哈电集团等中国机械企业在俄罗斯都有广阔的市场空间。充分发挥工程制造行业的竞争优势，向俄罗斯出口工程制造机械以及在当地建立工程制造机械的相关生产基地，可以有效出口我国优势产能，弥补俄罗斯工业发展劣势，提升与俄罗斯产能合作水平。

2018年9月11日，阿里巴巴集团宣布在其全球速卖通（AliExpress）现有俄罗斯业务基础上与俄罗斯直接投资基金、Megafon通讯公司和Mail.ru互联网公司共同组建合资公司AliExpress Russia。阿里巴巴集团将使全球速卖通在俄罗斯的业务并入新合资企业，该合资企业将包括阿里巴巴国际电子商务平台全球速卖通和俄罗斯B2C平台天猫。未来，阿里巴巴集团将持续向合资新企业投入现金和其他资源，以支持其业务活动。俄罗斯直接投资基金将以持股13%的战略参与者身份参与阿里巴巴集团全球速卖通（俄罗斯）运营发展。俄电信集团Megafon将其有持有的Mail.ru公司全部10%的股份出售给阿里巴巴集团后换取阿里巴巴集团全球速卖通（俄罗斯）24%的股份，同时Mail.ru集团公司会将其原有的电子商务业务Pandao、现金等转给新合资公司，Mail.ru公司持股15%。合资企业将在涵盖跨境和本地通过线上和线下直销方式在电子商务领域全面开展业务。对于阿里巴巴在俄罗斯的投资计划，普京总统在企业家圆桌会上明确表达了欢迎和支持。

三、提高"五位一体"全方位合作互动机制的实效性

1996年叶利钦访华，中俄决定建立面向21世纪的战略协作伙伴关系。中俄高层交往合作机制的数量和涵盖范围逐步扩大，已发展为十多种常态机制，包括中俄元首定期互访（1996年）、中俄总理定期会晤机制（1996年）、中俄议会合作委员会（2015年）、中俄能源合作委员会（2008年）、中俄投资合作委员会（2014年）、中俄人文合作委员会（2000年）、中国东

北地区和俄远东及贝加尔地区政府间合作委员会（2017年）、中俄政府间军技合作混委会（2012年）、中俄总理定期会晤委员会（1996年）、中国东北地区和俄罗斯远东地区地方合作理事会（2015年）、中俄执法安全合作机制（2014年）、中共中央办公厅同俄总统办公厅交流合作机制（2014年）、中俄战略安全磋商（2004年）、中国长江中上游地区和俄罗斯伏尔加河沿岸联邦区地方合作理事会（2016年）、中国东北地区和俄远东及贝加尔地区政府间合作委员会（2017年）等。这些机制均得到双方官方层面的认可，双方在机制框架下每年至少举行一次会晤，及时对上次会晤以来的双边关系和有关领域合作成果进行梳理和总结，并规划下一阶段的发展。在这些双方政府合作机制中，专门针对中国东北与俄远东及贝加尔次区域合作的机制，包括中国东北地区和俄罗斯远东地区地方合作理事会和中国东北地区和俄远东及贝加尔地区政府间合作委员会。

从政府层面主体角度来说，已经形成了以双边政府首脑、总理+部长、高级别工作组一体化的中央政府层面沟通协调机制。但仅有中央高层的交流与对接是不够的，中俄务实合作最终实现依赖于能否构建"中央政府—地方政府—企业商界—学者智库—民间交流"五位一体全方位对接框架。中俄战略协同推进的实效性需要两国中央与中央、中央与地方、地方与地方之间发展战略的层次性对接细致到位，一体化集成度具有较高水准，需要企业商界对接与合作平台丰富多样，相关服务和配套机制完善高效；需要两国政产研合作的横向与纵向协同度不断提升；需要不断扩大民间交流规模和影响力，民心基础扎实可靠。这是两国战略高效互动的保障机制，也是整个过程实现关键性系统控制的响应机制。

习近平主席在符拉迪沃斯托克出席中俄地方领导人对话会并致辞，指出"国家合作要依托地方、落脚地方、造福地方。地方合作越密切，两国互利合作基础就越牢固"。虽然早在1998年中俄两国就建立了地区层面的区域性合作机制——中俄两国边境和地方间经贸合作协调委员会，但地方交流合作工作的推进还有待进一步加强。地方合作机制与中央的沟通协调机制相比，未能找到核心主题形成稳定机制，导致地方主导的合作缺乏稳定性。2018～

2019年被双方政府确定为中俄地方合作交流年。自2018年2月中俄地方合作交流年开幕以来,两国地方层面举行了数百场互访、数百次会面,中国多个省份与俄罗斯地方签署了多份合作文件。据统计,两国在省州、城市等层面一共建立了363对友好伙伴关系,为地方合作结出实际成果奠定了基础。目前,中俄双方建立了"东北—远东"和"长江—伏尔加河"两大地方区域性合作机制,但总体来说,地方区域性合作机制的数量还需增加,地方区域性合作要在领域广泛的基础上形成核心主题与系统布局,尽快实现地方合作机制与高层机制的高度一体化集成是未来重要的发展方向,这样才能形成两国地方合作的持续动力,激发最大潜力,带动更多地方、企业、民众加入中俄务实合作中来。

随着中俄地方合作交流年活动的推进,在原有的中俄博览会、俄罗斯东方经济论坛等国家级交流合作平台基础上,我国北京、上海、广东、黑龙江、陕西、河南、成都、厦门、济南等多个省(区、市)在俄罗斯举办系列经贸推介会,2018年首届中俄地方合作论坛、首届中俄能源商务论坛等地方性、主题性交流合作活动开始进行。未来,应进一步增加地方性、主题性合作交流活动的形式,丰富其内容,并将相关领域交流向机制化、常态化推进。

四、重点从官方单频道向官民双频道转型以激发对接互动新动能

我国改革开放由沿海率先开始,东中西及南北阶梯式发展已成为经济发展基本态势,边境地区作为我国政治、经济、文化发展的神经末梢,发展初期自身难以孕育成熟的市场经济,缺乏内生发展动力,因此必须依赖国家资源投入。但长期来看,在沿边地区的交通设施和民生保障达到一定水平以后,边区发展就不能再将国家资源投入作为唯一出路,必须依靠自身边缘优势,充分发挥所在区域发展的共振效应,吸收整合周边国家和地区资源,深度参与到区域发展之中。中俄两国经贸合作总体呈现出一种"政府导向型"为主体的模式。这样一种经贸关系和经贸模式的建立,不仅符合中俄两国的

根本利益，而且对两国经贸合作产生了显著的效果，中俄两国经贸关系达到了有史以来的最高水平。但政府的角色是提供合作对接平台、市场环境和便利合作的制度供给，合作对接最终的实施主体是企业和两国民众。从目前的合作实践来看，承接目前中俄对接项目的基本都是国有大型企业，如"中石油""中石化""中国电气""国家电网""中国中铁""中国银行""中国信保"等，中小企业参与的较少。这一方面是因为作为国家中央层面的合作机制特点突出，国有企业有义务积极参与；另一方面相比中小型企业，国有大型企业具有开展跨国经营的强大优势，包括资金、人才、技术、管理和经验等，比中小型企业的风险承担能力更强，相对更愿意参与合作。但从相反方向考虑，也说明现在的对接合作落实不够，双方经贸合作的民间基础不牢，以中央企业投资合作为主的模式如不能进一步演化升级为多类型企业共同参与的投资模式，则投资合作的增长规模必定受限。同时，俄罗斯也可能因中方国有大型企业的政府背景和强大实力而担心对当地产业和社会产生冲击进而形成顾虑。中小企业多为私人企业，创新能力强，吸纳就业人数多，更容易受到俄罗斯的欢迎。

俄罗斯人在文化亲近感上更偏向于欧洲文化，中俄间外交长期存在"上热下冷""政热经冷"的突出现象。中俄民间文化亲近感与当前政治互信的水平还存在着不小的差距，缺乏浓厚的民间交往氛围不利于新形势下中俄边区国家战略的对接。密切人文交流，强化合作的民意基础是实现两国战略顺利对接的基石。民间交往和文化交流是开展经贸合作的前提和基础，只有民相亲才有国相交，只有心相通才能民相亲。2000年，中俄教文卫体委员会的成立标志着两国人文合作建立起常态化机制，中俄人文合作被纳入总理定期会晤机制，每一具体领域的工作均有专门的分委会推动实施，为深化交往提供了制度保障。此后，中俄人文合作从教育、文化、卫生、体育四个领域扩展到旅游、媒体、电影、档案等诸多领域。双方相继互办了"国家年""语言年""旅游年""青年友好交流年""媒体交流年""地方合作交流年"等国家级主题交流年活动，但人文合作不能仅依赖政府牵引，还应建立广泛的市场化机制，中俄跨国产业与投资合作过程要以教育、旅游、传媒、体育、电影、文艺等中俄人文相关产业的融合发展为基础，持续增加人员往来密度。目前民众间的文化亲近感与官方提出的"文化融通，民心融通"的目标还有较大距离。

根据《中国教育年鉴》数据显示，2016年，来华留学生规模突破44万，其中，俄罗斯留学生人数从2006的5 032人增加至17 971人，年均增长率13.6%，但仅占来华留学生总数的4%，数量排在韩国、泰国、巴基斯坦、美国、印度之后，居第六位，中国政府奖学金的吸引力是俄罗斯留学生来华的重要影响因素。俄罗斯学生的留学热门国家是美、德、英等传统教育强国或是在语言、文化等方面更有相同性的波兰、捷克等中东欧国家，[①] 中国对于俄罗斯学生来说具有缺乏的教育资源和文化熟悉度等方面的优势。2016年我国出国留学人员总数为54.45万人，但接近八成留学人员选择美、英、澳、加等英语国家，即使是日、韩、法、德等小语种国家的留学人数也远超赴俄罗斯留学人数。俄罗斯教育的性价比虽然得到世界的广泛认可，但中国赴俄罗斯留学的人员数量却增加缓慢。据教育部数据统计，2015~2016学年，在美国留学的中国学生有32.9万人，加拿大12.0万人，英国9.5万人，日本9.8万人，韩国6.7万人，法国和德国都接近3万人，但赴俄罗斯留学的中国学生仅有约2.5万人。

2017年，中俄两国互为重要的旅游客源国和旅游目的地国。根据俄罗斯国家统计局统计，2017访问俄罗斯的中国游客数量为147.8万人次，与2016年相比增长14.7%，除独联体国家外，中国是俄罗斯最大的客源国。中国《2017年全年旅游市场及综合贡献数据报告》显示，2017年中国成为俄罗斯游客的第二大海外旅游目的地，接待俄罗斯游客230万人次，同比增长19.5%。2012~2017年，到俄罗斯旅游的中国游客人数几乎增长了四倍，其中团游占80%，中老年是游客主体。"世界无国界"旅游协会统计资料显示，2017年，免签证入境俄罗斯的中国游客人数比2016年增加了23%，达到了94.4万人次；从2013年的37.2万人增加到2017年的94.4万人，五

[①] 许华."人类命运共同体"愿景中的中俄文化外交 [J]. 俄罗斯东欧中亚研究，2018（4）.

年内增长了2.5倍。

与中俄间旅游、教育合作所取得的显著进展相比,中俄在媒体、体育、青少年交流、卫生、电影等领域的合作滞后。虽然中国和俄罗斯已经实施了一些合作项目,并在"媒体交流年""青年友好交流年"框架下开展了一些活动,如双方合作打造的"中俄头条"新媒体平台、"喀秋莎"电视频道,联合推出"丝路杯超级冰球联赛(SHL)""丝绸之路国际汽车拉力赛"等,但是,交流与合作的进展没有取得根本性的飞跃,并未达到预期影响。两国媒体对对方涉及文化领域的报道数量依然较少,双方合作的文化活动的宣传力度、宣传方式等还存在许多问题。

但总体来看,随着中俄人文交流的不断深入,俄罗斯人对中国的印象不断改善。虽然这种好感度的提升大部分来自中国的经济形象和政治形象带来的威望,而非文化形象的感召,但这是未来深入推进民间交流的良好开端。在俄罗斯2018年5月的民调中,中国以58%的得票率位列俄罗斯人心目中最友好国家第二位,仅比排名第一的白俄罗斯低1%。近年来,俄罗斯加大了优化营商环境的力度,世界银行《世界营商环境报告》在2012年给俄罗斯营商环境全球排名还处于120位,但2019年初公布的排名,俄罗斯营商环境2018年全球排名已提升至第31名。

五、挖掘培育双方远期合作增长点提升战略互动对接的回报预期

从战略角度来讲,在北极航道开发和货币合作等领域,中俄未来合作的空间巨大。深入挖掘和培育中俄在北极航道开发与货币合作等领域的增长点可以大大提升双方对合作回报的期待度。2019年,俄罗斯远东与北极发展部部长亚历山大·科兹洛夫在圣彼得堡举行的国际北极论坛接受俄罗斯卫星通讯社记者采访时说:"普京总统确定了在2024年前提高北海航线货流量至8 000万吨的任务(2018年其货流量大约为2 000万吨)。如何能做到?我们必须保证公用基础设施、极地水文气象站和卫星通信的现代化升级,保证航海的安全性。中国合作伙伴表现出对北极港口现代化的兴趣,尤其是对摩

尔曼斯克和堪察加彼得巴甫洛夫斯克。未来，发展港口的"河海"基础设施和打造破冰船队都欢迎中国的合作"。①

全球气候变暖和高新科学技术的迅猛发展，使得北极开发的成本与收益的天平不断倾斜，北极开发的经济、政治、军事、科学等领域的战略意义促使北极迅速由"冰冻之地"变为"热点地带"，环北极国家围绕北极地区领土纠纷不断加剧，军事部署迅速升级。在苏联时期，俄罗斯就有北极开发的设想。俄罗斯地域辽阔，横跨整个欧亚大陆，通过北极地区它可以俯瞰整个北半球，从北极对美国本土实施打击是对美军事行动的最短路径，隐藏在海冰之下的核潜艇不易察觉，是核战争中取得军事先机的重要条件。冷战时期苏联在北极地区密集部署大量核弹头和战略武器，并修建了一批重要港口及机场等设施。但随着苏联解体，俄罗斯国力下降，北极开发不得不停滞下来。重要的军事战略地位和经济开发潜力，使得俄罗斯不得不在其西部和西伯利亚地区资源长期大量开采利用的可持续性难以为继的背景下，重启北极开发进程。2001年，俄罗斯向联合国大陆架界限委员会递交了一份正式文件，报告提出因为北冰洋的罗蒙诺索夫海岭和门捷列夫海岭是欧亚大陆的延伸，所以北冰洋120万平方千米的海域理应属于俄罗斯的专属经济区。2007年7月，俄科学家乘潜艇深入4 000多米的北冰洋海底，通过放置俄罗斯国旗和时间胶囊的方式正式宣示了主权。2013年，普京签署了北极开发战略规划纲要，开始实际着手开发北冰洋大陆架资源。尤其是乌克兰危机后，面对西方严厉的经济制裁，俄需要寻求新的出路和吸引更多外援，北极航道的战略意义更显突出。北极地区不但是军事、政治要地和资源储备基地，而且是潜在的欧亚新航线。随着全球气候变暖，北冰洋适航时间不断延长，未来北冰洋航线将成为直接连接亚洲、欧洲与美洲大陆和大西洋、太平洋的最短路径，全球航运业有可能因此每年节省数十亿美元的运输成本。"黄金水道"的北移将不可避免地引起贸易物流流向的改变，北极地区成为新兴物流、经贸、金融中心的可能性大大提升。如果"环北极经济圈"形成并发

---

① 俄罗斯卫星通讯社网站. 俄远东与北极发展部部长讲述中国感兴趣的项目［EB/OL］.（2019 - 04 - 10）. http：//sputniknews.cn/russia_china_relations/201904101028153352/.

展,全球贸易格局必被打破。俄罗斯利用地缘优势,如能在"环北极经济圈"成为主导国家,将为其经济发展和民族复兴提供强大支撑。因此,北极资源的开发和挖掘不仅是俄罗斯缓解当下经济制裁燃眉之急的重要举措,也是未来民族复兴的希望所在。

鉴于北极开发成败将对俄罗斯大国复兴战略产生深刻影响,毫无疑问,北极开发是俄罗斯国家利益的重要关切点。但在北极开发问题上俄罗斯的理想与现实之间存在巨大落差,在俄罗斯总理梅德韦杰夫主持召开的政府会议上,俄罗斯自然资源和生态部部长科比尔金指出,到2024年俄对北极地区项目的投资约为5.5万亿卢布(约合828亿美元),到2050年投资将增至13.5万亿卢布(约合2 033亿美元),其中12.6万亿卢布将是预算外资金,显然,俄罗斯很难独立完成北极地区的开发,选择哪个国家作为外援和合作伙伴对俄罗斯北极开发战略的部署至关重要。相比远东开发的现实可行性,北极开发涉及极寒气候下进行生产和活动的先进技术和更加庞大的资金需求。中国具有雄厚经济实力,与俄罗斯有着良好的政治互信与合作基础,与中国共建北极航道是俄罗斯的首选。中俄联合建设北方航道是互利互惠的经济合作,俄罗斯可以获得来自中国的开发北极航线的资金支持,而中国可以参与北极航线的基础设施建设和进行新航线的"服务"购买。2015年底,俄副总理罗戈津首次提出加强中俄在北极地区合作,随后中俄领导人在多个场合表达了联合开发北极航道,将北极航道开发与我国"一带一路"连接起来的意愿。2017年6月,我国《"一带一路"建设海上合作设想》,首次将"北极航道"确定为"一带一路"三大主要海上通道之一。同时,俄罗斯与我国多年来进展缓慢的油气合作迅速取得重大进展,俄罗斯向我国开放亚马尔项目,2017年12月,中俄在俄北极圈内实施的首个特大型能源合作项目——亚马尔液化天然气(LNG)项目一期工程生产的液化天然气正式装船外运,项目2019年竣工后每年将向中国供应400万吨液化天然气。经过中俄两国的通力合作,尤其是我国中石油海洋工程公司、中海油海油工程公司、中石化炼化工程公司、中国宏华集团、山东大宇造船厂等大型企业的积极参与,以及中国工商银行、国家开发银行、丝路基金等约190亿美元的融资支持，使得亚马尔项目能够迅速投产。这充分证明了我国在与俄罗斯合作开发北极上的积极态度和技术与资金实力，为中俄双方关于北极开发模式提供了典型示范。

中俄货币合作是俄罗斯在当前和未来都极为关切的领域。俄罗斯央行驻中国总代表丹尼洛夫曾指出，中俄金融机构在对方金融机构开设代理账户、海外账户的数量有所增长，但现有的代理行网络并没有充分发挥应有的作用，中俄实际结算规模与双边经贸关系发展潜力的差距使两国金融业务难以实现深度合作及有效对接。在美欧经济制裁压力不断加大的背景下，俄罗斯面临美国禁止俄罗斯银行使用和交易美元的风险。为应对这一致命风险，俄罗斯正在积极实施多种"去美元化"举措，俄罗斯大幅减持美元国债，增加黄金储备，鼓励本币交易，逐步降低对美元的依赖。普京表示，"美国大举实施的经济制裁政策已经逐步增加了美元交易风险，美元交易的不稳定性使与美国存在重大矛盾的国家尝试建立或加入独立的支付系统以替代美元，同时不断降低美元储备比例"。在与欧亚经济联盟的贸易活动中，俄罗斯出口产品中的七成和进口产品中的三成的支付货币为卢布。为了防止俄罗斯的金融系统与环球同业银行金融电讯协会（Society for Worldwide Interbank Financial Telecommunications, SWIFT）支付系统的联系被切断，俄罗斯与其重要贸易伙伴建立了独立于SWIFT支付系统的传输信息和付款系统SPFS。俄罗斯的国家黄金储备达到2 066.2吨，同比增长18.19%，超过中国，位居全球第五。①

在欧美融资渠道被限制后，俄罗斯急需与其具有高度政治互信、能够同一阵营应对美国经济制裁和拥有强货币实力的伙伴国共同实施"去美元化"计划并获取替代融资渠道。同样遭受美国制裁和贸易限制的中国无疑是其分阶段实施本币外贸结算策略的首选合作伙伴。随着俄罗斯与中国在能源贸易方面的快速增长，中国与俄罗斯货币合作进展快慢被视为衡量俄罗斯经济去美元化效率的标准之一。国际货币经济组织（International Monetary Fund, IMF）数据显示，全球官方外汇储备中的美元储备从2000年的72%已经下

---

① 网易. 2018年俄罗斯财政收入大增，人民币占其外汇储备比例升到了14.7% [EB/OL]. (2019-01-30). http://dy.163.com/v2/article/detail/E6PPMQ1N0517BT3G.html.

降为 2018 年第四季度的 61.69%，其中俄罗斯起到了重要作用。俄罗斯央行数据显示，俄罗斯外汇储备的比例近来发生巨大变化，截至 2018 年 12 月底，美元占比从 46.2% 降至 22.6%，欧元占比从 23.9% 升至 32%，人民币的占比更是从 2017 年的 1% 上升至 14.7%。人民币成为俄罗斯外汇储备中增速最快、增幅最大的储备资产货币。俄罗斯不断强化与中国的货币金融合作，在贸易结算、货币互换、在莫斯科建立人民币离岸金融中心、发行人民币主权债券、搭建统一的银行卡支付系统等诸多货币金融合作事项上都表现出了十分积极的姿态，中国是俄罗斯对付美元霸权的重要支持。俄罗斯国家银行数据显示，2018 年前三季度，人民币和卢布的互换交易规模达 7 320 亿卢布（769.7 亿人民币），较 2017 年同期 3 720 亿卢布（391.1 亿人民币）的交易规模增长近一倍。

中俄未来在货币和金融领域的纵深合作发展布局具有重要战略意义，符合双方切身利益。对俄罗斯而言，中俄两国的金融投资合作拓展了其国际融资来源，有利于进一步满足其资金需求，尤其是缓解美国等对其采取金融制裁带来的巨大压力，完善自身金融系统与加强同包括中国在内的亚太国家的金融合作是维系其金融安全的基本路径。在货币金融合作领域，俄罗斯相较于资源等经济合作项目更有积极性和迫切性。对中国而言，有利于推动人民币国际化、分散外汇储备资产投资和寻找高回报率的投资标的，满足海外资产配置需求，实现海外净资产增值。中国对俄投资可大致分为三种类型：银行贷款、外商直接投资（Foreign Direct Investment，FDI）和资本市场（尤其是债券市场）投资。中俄两国货币金融合作存在广阔的发展空间，目前已初见成效，我国应充分灵活运用金融工具，在"一带一路"倡议这一机遇中进一步实现两国在经济上的精准合作，这一领域合作的前景将深刻影响中俄边区战略互动的推进与实施。

六、做好争端解决与风险应对以降低不确定性可能带来的损失

中俄边区战略互动有复杂、微妙的内外部环境，存在众多的挑战和风险。在宏观方面，由于两国边区战略是从属于两国整体对外开放国家战略之

下，涵盖中俄双方新东北振兴战略、中蒙俄经济走廊建设和远东开发开放战略的"一带一路"倡议与"欧亚经济联盟"战略的"一带一盟"对接内部本身就存在着机制特征差异、对接意愿不对称、"中国威胁论"认识等风险和不确定性。从外部来说，来自美、欧、日等方面的挤压和欧亚经济联盟贸易保护主义倾向措施的制约等构成影响中俄合作的消极因素。实现中俄间经济的稳定合作、深度合作、精准合作是降低和消除政治风险的有效路径，应当转变中俄合作目标，从追求资源的短期互补转为实现国家利益的长期共赢，在经贸合作方式选择上由单纯贸易合作上升为高级投资与技术合作，在准确分析大国关系和国家能源价格走势的基础上争取先通过与政府有密切关系的公司合资运作，作为拓展合作的敲门砖。

从次区域范畴来说，东北与远东战略的对接涉及双方地区营商环境不佳、俄远东地区移民与环境保护限制严格、联邦与地方法律冲突、司法与执法不到位、政府机关官僚化和腐败、地方对接机制效率不高等一系列问题，形成合作顺利推进的挑战。彭博社通过测算指出，1994年至今，离岸市场中有超过7 000亿美元来自俄罗斯境内。俄罗斯2017年资本净流出252亿美元，据俄中央银行预计2018年资本净流出总额为760亿美元，是2017年的3倍多。[①] 2019年3月12日俄罗斯《公报》报道，俄罗斯中央银行最新数据显示，2019年头两个月，俄罗斯私人资本净流出量为186亿美元，较去年同期的87亿美元增长了110%。[②] 俄罗斯资本外流的原因复杂，但与俄罗斯营商环境不佳、法律环境不稳定、税收复杂烦冗、投资政策风险大、环境保护要求高、投资壁垒较严重、司法腐败等因素也有重要关系。尤其是经济发展落后的远东地区，市场经济发展极不成熟，虽有一系列优惠政策支持，在双方政府积极引导支持下，有国家背景、抗风险能力较强的大型企业敢于参与尝试投资合作，而大量中小企业则担心俄罗斯投资的政策和法律风险会使其遭受严重损失，始终处于观望状态。在中俄边境战略对接的过

---

① 黑河市人民政府网.2018年俄罗斯资本净流出760亿美元［EB/OL］.（2019-03-25）.http：//www.heihe.gov.cn/info/1185/98151.htm.
② 中华人民共和国商务部网.1~2月俄罗斯资本净外流同比增长110%［EB/OL］.（2019-03-19）.http：//www.mofcom.gov.cn/article/tongjiziliao/fuwzn/oymytj/201903/20190302844329.shtml.

程中，鉴于中俄边区战略对接与规则对接的不确定性，我们必须同时做好应对外部环境、投资环境等风险和经贸投资争端解决的相应机制，尽最大可能保障自身在战略对接中的国家安全和政治经济利益。加强争端解决和风险管理两个方面保障机制的工作，将中俄经贸争端解决问题明确为中俄政府间磋商的重要事项之一，从依赖临时性的干预措施，转为建立和完善专业化、系统化争端解决机制；从风险预防与转移、争端解决、风险救济等角度，形成以市场化为基础的体系化风险解决方案。

在经贸合作领域，2017年1月中俄签署的《中俄关于对所得税避免双重征税和防止偷漏税的协定》正式生效，为两国经贸合作与投资合作提供了法律保障。中俄毗邻地区投资合作及其风险防控的法律基础与制度基础正逐步建立。自从向市场经济过渡以来，特别是加入世界贸易组织（WTO）之后，俄罗斯的经济、贸易和投资等法律法规不断得到修订和完善，但仍然不够健全。相当一部分重要的法律运行时间过长没有得以及时修改，部分现行的法律法规不够稳定，经常发生变化。缺乏严格的执法是俄罗斯司法系统的一个缺陷。法院执行不力，据统计，俄罗斯25%以上的民事案件的判决没有被执行。[1] 目前，在解决纠纷和实务运作方面，有必要及时将俄罗斯中资企业合法权益被非法侵害的案件列入中俄毗邻地区省州长定期会晤、中国商务部与俄地区发展部领导人定期会晤、中俄边境和经贸合作协调委员会等定期会议的议事议程。从长期机制构建来看，应综合运用外交途径、WTO争端解决机制和协商仲裁、诉讼等多种方案。争端解决依据主要依赖国内法、国际法及双边及多边贸易与投资的相关协定，争端解决手段应主要依赖法制及行业仲裁。目前，中华人民共和国商务部、国家发展和改革委员会、国家外汇管理局等部门已经出台了有关海外投资的规范性法律文件，内容涉及审批、监督、融资、外汇、税收等领域。《企业境外投资管理办法》作为我国目前关于对外投资活动规定得最为全面的规范性法律文件，在2018年3月已经开始实施，但由于其效力等级仍停留在规章层面，因此其权威性与实际

---

[1] 新形势下中国对俄罗斯东部地区投资战略及投资风险防范研究课题组. 中国对俄罗斯东部地区投资风险的防控［J］. 俄罗斯学刊，2017（3）.

规范能力大打折扣。因此，我国急需制定高效力等级的对外投资立法，并在此基础上建立、完善对外投资法律体系，与国际法、国际惯例接轨，对我国的对外投资进行全面系统地规范。从双边角度来看，俄罗斯顾忌中国商品对本国市场的冲击及日益强大的中亚地区影响力，表现出对建立自由贸易区相对消极的态度，但对吸引中国投资却表现出极大兴趣，这为两国投资协定的磋商提供了有利条件，在俄罗斯当地投资环境短期内难以改善的情况下，解决双方合作"瓶颈"最根本的方案是两国政府尽快展开投资协定谈判，对涉及中资企业赴俄投资的一系列问题以双边协议的形式尽快明确下来，为企业在投资和经营过程中遇到的纠纷提供妥善解决的法律文本。中俄双边投资协定应当对东道国、投资者、投资国之间风险配置就投资者待遇、投资保护、征收与补偿和处理投资争议问题等方面，规范东道国的安全审查行为，以及就这些机制所带来的权利义务失衡问题，保护中国企业的在俄的海外投资合法权益。同时，建议成立中俄企业争议纠纷仲裁联合委员会，为两国企业间纠纷解决提供多元化、具有公信力的民间解决途径。从国际法及多边角度来看，我国目前已经签署的《多边投资担保机构公约》（Multilateral Investment Guarantee Agency，MIGA）、《解决国家与他国国民间投资争端公约》（The International Center for Settlement of Investment Disputes，ICSID）、世界贸易组织（World Trade Organization，WTO）等一系列国际公约和多边协定，也能在中国对俄投资安全方面起到保护作用。

考虑对俄远东地区投资风险的特殊性，俄罗斯垄断行业多，对海外投资限制多，关税和非关税壁垒多，企业在投资前做好充分调研和咨询，投资应尽量选择合资方式，进行投资的本土化运作，可尽量雇用当地管理人员和普通员工，以促进当地就业、缓解俄远东地区经济压力，增强中方企业对中俄就企业外籍员工比例、产业保护、营商环境、传统文化等差异的适应能力调节能力，真正得到俄罗斯的社会接纳认可，在企业的发展过程中形成与俄罗斯社会的良性互动。[①] 对俄投资企业必须建立和完善企业风险管理机制，充

---

① 中国民生银行研究院宏观研究团队. 俄罗斯投资机遇及风险分析 [J]. 中国国情国力，2018（6）.

分利用当地信息平台，在提高企业治理能力的同时，强化企业与当地社会的融合，自觉遵守当地法律，配合当地相关行政部门的行政管理，适当参与当地社区公益活动，增强企业的社会责任感，积极履行当地社会义务，以获得当地社会对中国企业的认可，进而预防投资风险。建议成立中资企业商会或行业协会或建立战略性产业联盟，同行业内多家企业形成多元化融资结构和股权结构的战略联合体，通过外部合作关系和内部契约关系结成利益风险共同体，实现优势互补、资源共享、风险分散。

建立健全的投资保险制度，通过国内的商业保险机构和多边投资担保机构（MIGA）承保非商业性风险来转移跨境投资风险，实现境外投资政治风险的转移与救济，是国际投资领域内各资本输出国的普遍做法。对俄投资企业除国家政策支持和外交保护外，应更多地借助投资保险和信用担保等市场方式来降低风险损失。我国在《关于建立境外投资重点项目风险保障机制有关问题的通知》中针对对外投资保险机制进行了简要规范，并出台了《保险指南》以增强该文件的可操作性，但是与对外投资的现实需求还有很大的差距。我国必须加紧制定《海外投资保险法》，并在此基础上建立有效的对外投资保险制度体系。现在，我国开展对外投资企业的普遍做法是与中国出口信用保险公司签订保险协议，由该公司对我国企业的境外投资风险进行承保。但是这种投资保险在承保主体和承保范围等方面有很大的局限性，仅有法人才能成为对外投资承保主体，承包范围只包括征收、国有化、战争与内乱等传统类别，未来可提高和扩大中国出口信用保险公司对国内企业海外投资保险业务的能力和规模。因中国出口信用保险公司主要针对出口保险，在海外投资保险方面我们也可以效仿美国，组建中国—远东投资保险公司，由政府出资，各商业银行和社会资本广泛参与，独立运营，降低对承包主体的限制，扩大承保范围，为对俄投资企业提供保险服务，推动政府海外投资政策的开展与落实。建议有关部门设立境外投资风险保护基金，针对企业的境外投资风险（主要指政治风险，特别是中国出口信用保险公司承包范围外的风险）损失进行补救，用这笔基金对肩负国家战略使命的国有企业和运作对国计民生有重要意义项目的民营企业投保海外政治保险，给予一定比例的保费补贴或折扣。

中华人民共和国驻俄罗斯大使馆经济商务参赞处、俄罗斯卫星通讯社、中俄投资合作委员会等有关部门已建立网站，提供有关俄罗斯认证投资公司的海外注册、税收、土地使用和资源所有权归属等一些信息，还包含一些信息服务项目，如企业投资合作、资源开发等。但是，能够充分满足各方需求的数据平台——高规格、覆盖范围广的境外投资项目信息库和投资企业信息库还没有建立。同时，中俄间还缺乏具有影响力和专业化服务水平的投资咨询中介服务机构，能够向对俄投资企业提供关于及时实用的投资环境、投资程序、政策法规、合同形式和相关基本信息、办理企业注册、项目招标、技术专利、海关申报和劳动许可申请等全面业务信息，也没有建立一个政府主导，研究机构、金融机构和相关企业共同参与的境外投资风险数据平台。

第三节　中俄边区开发开放相关战略互动的主要内容

中俄边区战略互动的目的是通过区域一体化实现区域增长，中俄边区战略具有实现互动的基础条件和实现机制，按照一体化过程中影响区域增长机制的基本条件，中俄边区战略互动应沿着以下三个主要脉络进行对接互动：第一，基础设施对接，即地区内的交通、通信等物理设施实现联通；第二，规则制度对接，即地区内的国际经济制度安排，包括贸易、金融和投资等诸多跨境交易制度体系协调统一；第三，产业与市场对接，即地区内的贸易、产业与经济技术发展相互关联。

一、基础设施对接

基础设施建设，互联互通推进工程为中国经济增长做出了重要贡献。现在，中国正将这一成功经验在"一带一路"沿线国家进行推广和复制。中国的"一带一路"倡议明确提出以建设"基础设施互联互通"为优先领域和重要着力点。基础设施互联互通既是中俄边区通过战略互动对接实现刺激区域经济增长目标的重要手段,也是中俄边区在"一带一路"框架下实现"政策沟通、设施联通、贸易畅通、资金融通、民心相通"的全方位"互联互通"的基础条件。无论是从"中国经验"的视角,还是从区域一体化实现经济增长的必要机制方面分析,中俄边区战略互动对接的优先领域都必须是基础设施互联互通。基础设施对接是在"硬件"上实现区域内主体的互联互通,即将东北与俄远东地区通过交通、能源、通信等系统的建设和连接形成区域性道路、能源、信息相互联通的网络。

主流经济理论认为,作为人力资本、商品、资金、信息等顺畅流动的物质载体,基础设施互联互通与区域经济增长间呈现倒"U"形关系,即在合理的产出弹性区间内,基础设施互联互通可以带动投资,减小物流成本和要素流动成本,扩大消费,扩大可贸易产品的范围,从而推动贸易发展,充分发挥区域经济合作的规模效应。在特定区域内,物理连接的顺畅便捷更有利于在制度安排上发挥自身优势。[①]

(一) 交通基础设施互联互通

中俄交通基础设施的互联互通能够真正发挥远东地区作为欧亚大陆东部连接节点的交通枢纽作用。建设跨欧亚大陆的交通走廊,是推动中国东北地区与俄罗斯远东地区的全面合作、促进中国东北地区振兴和俄罗斯远东地区共同发展的战略基础。要充分利用好北海航线这一东北亚与欧洲之间最短的海上路线(圣彼得堡到符拉迪沃斯托克的航线距离是14 280千米)。在"一带一路"倡议框架下,东北与俄远东和北极地区在交通基础设施互联互通方面,包括铁路、公路、港口、航空和国际运输的基础设施建设合作已取得阶段性成果。

依托俄罗斯西伯利亚大铁路,中国东北地区与欧洲的货物运输通道基本建立,中欧班列成功建立起中国东北地区和欧洲的联结;中俄同江铁路界河

---

① 李婷婷. 基于区域一体化视野中的互联互通经济学研究[J]. 现代经济信息, 2016 (12).

桥作为中俄界河第一座铁路大桥，不但连通了黑龙江省同江市与俄罗斯犹太自治州下列宁斯科耶，更是通过联通国东北铁路网与俄罗斯西伯利亚铁路，基本建立起跨亚欧大陆的国际铁路运输通道；中俄共建的首座跨界河公路大桥——黑河—布拉戈维申斯克黑龙江公路桥，不但有效连接了黑龙江省黑河市与俄罗斯远东城市布拉戈维申斯克，更是在中国东北地区与俄罗斯远东地区之间建立起一条国际公路运输通道；国际交通走廊"滨海1号"和"滨海2号"使得黑龙江省和吉林省通过俄罗斯远东港口实现国际陆海联运，重塑沿线城市新的功能组织关系，促进海陆联运枢纽重组和产业布局的调整，并使东北地区成为未来"冰上丝绸之路"重要交通枢纽。

未来，中国和俄罗斯将共同推进中蒙俄经济走廊、跨欧亚高速铁路、莫斯科—喀山高速铁路、俄罗斯贝阿铁路和跨西伯利亚大铁路现代化改造项目、北极航线等重要交通建设方面的合作，进一步实现交通基础设施的互联互通。实现这一重要领域的互联互通有赖于中俄双方长期的共同努力。这些交通基础设施重大项目互联互通的实施将最终实现把东北与俄远东地区紧密联系在一起，并将欧洲和亚洲通过东北—远东区域也紧密地联系在一起，从而形成亚太交通运输与经济合作发展的新格局。

（二）能源基础设施互联互通

中俄能源合作是我国国际能源合作重要战略布局的组成部分。自美国对俄罗斯制裁以来，美国实施了以能源领域为重点打击对象的"精准"制裁措施，禁止美元交易或限制美元融资，俄罗斯能源企业融资困难。俄罗斯加快了与中国开展油气合作的步伐，通过扩大油气出口量、与中方合作进行俄境内上游勘探开发、参股俄油气企业或重大油气项目等多种方式加快了与我国油气基础设施互联互通的进程。东北与俄远东地区间的油气走廊、管道运输网络设施是欧亚能源运输重要的大动脉。中俄边境地区已经实施了一批重大油气能源基础设施合作建设项目，如中俄原油管道扩建项目（原油年供应量达到3 000万吨）、中俄东线天然气管道项目（未来可使中俄天然气贸易量超过700亿立方米）、俄罗斯乃至全世界最大的阿穆尔天然气加工厂项目、中石油和丝路基金分别参股20%和9.9%的亚马尔液化天然气项目、中国海洋石油集团有限公司（CNOOC）及其子公司中国石油天然气勘探开发公司（CNODC）与俄诺瓦泰克公司分别参股10%的"北极液化天然气–2"（Arctic LNG 2）项目等。①

20世纪90年代初中俄开始进行电网设施合作。中俄两国历史上电力合作的首次尝试始于1992年7月中俄110千伏布黑线俄罗斯布拉戈维申斯克变电站——中国黑河变电站的建成与运转。2006年，220千伏布爱甲乙线俄罗斯布拉戈维申斯克变电站——中国爱辉变电站正式投运送电，扩展了中俄跨国输电线路。2012年4月，500千伏阿黑线俄罗斯阿穆尔变电站——中国黑河换流站正式投入商业运行，大大加强了与特高压相协调的东北网架，使得中俄电力贸易进入一个新阶段。中国和俄罗斯签署了一份为期25年的长期电力购买协议，俄罗斯将在2037年前向中国供应1 000亿千瓦时的电力。这是中国最大的电力购买和最大容量的输变电项目，也是全球能源互联网北拓的基础和保障。截至2017年底，中国通过110千伏布黑线、220千伏布爱甲乙线和500千伏阿黑线累计实现从俄罗斯进口电力243.22亿千瓦时，为我国累计减少煤耗827.1万吨，减排二氧化碳2 310.63万吨。

中国和俄罗斯加强能源基础设施的互联互通，开辟跨境能源通道，扩展油气通道规模，开展区域电力贸易合作，有利于共同维护中俄能源安全。2015年6月，俄罗斯政府批准了"北方海路发展综合方案（2015～2030年）"，据估计，北方海路每年的货物运输量在2020年将达到6 370万吨，2030年将达到8 000万吨。随着北方海路加快开发利用，东北与俄远东地区未来在推进北方海路能源合作布局中将发挥越来越重要的作用。未来中俄边区战略互动对接中可适时启动中俄能源合作升级规划项目，在中俄油气、电网等重大合作项目上提前布局，加快东北与俄罗斯瓦尼诺港、纳霍德片港、东方港出海大通道建设，实现与北方海路互联互通，在以"北极航线"开发为核心的合作中推动一批新的中俄能源合作项目落地。

---

① 俄罗斯微信通讯社网.中海油及其子公司同俄诺瓦泰克公司达成"Arctic LNG 2"项目股份收购协议［EB/OL］.(2019–04–25). http：//sputniknews.cn/economics/201904251028310978/.

(三) 通信基础设施互联互通

2016年底普京总统提出，俄罗斯将大力发展建设数字经济。2017年7月28日，俄罗斯联邦政府批准了《数字经济规划》，明确将发展数字经济确定为俄罗斯国家发展战略。近年来，俄罗斯互联网用户迅猛增加，从2000年的920万人增长到2012年的5 900多万人，2018年已经达到9 000多万人。① 俄罗斯已经成为欧洲地区最大的互联网市场，其宽带互联网服务覆盖率排名全球第十位。截至2018年4月，俄罗斯国内互联网的覆盖率约为80%。② 互联网的大力投入及相对完备的基础建设为俄罗斯的电子商务发展提供了广阔的空间。2018年3月普京在国情咨文中再次强调发展数字经济是重要的政治任务，同时，总理梅德韦杰夫签署命令，决定从政府储备基金中拨款约30亿卢布（约合5 200万美元）用于发展俄罗斯数字经济。根据俄罗斯数据经济发展规划，俄罗斯政府将投资90亿卢布，用于改善俄罗斯互联网基础设施及其安全系统的建设，并使国内互联网的覆盖率达到100%。

俄罗斯的国内互联网系统主要由四大通信公司运营。俄罗斯的大多数城市都覆盖了互联网，但是在一些较小和偏远的村庄，互联网的全面覆盖尚未实现。从2014年起，俄罗斯启动新居民点光纤通信网络铺设工程，用以消除城乡数字信息服务差异，超过46 000万千米的光纤通信网络陆续铺设，确保了5 656个小型且偏远和难以到达的区域的网络连接。③

移动通信基站和卫星地球站是通信基础设施的主要部分。2012年，俄罗斯第四代通信技术基站数量超过2 000个，2018年达到了160 000个。目前，俄罗斯移动通信技术正在从第四代向第五代迈进，俄罗斯已启动5G基础设施计划，计划2020年开始推动实施5G商用化。2018年3月，俄罗斯电信公司同诺基亚公司和斯科尔科沃基金会共同在斯科尔科沃创新园区启动

---

① 中俄资讯网. 俄罗斯互联网市场欧洲最大将出现主导企业 [EB/OL]. (2019-02-20). http://www.chinaru.info/zhongejmyw/shichangshangqing/56064.shtml.
②③ 工业和信息化部国际经济技术合作中心网. 2012~2018年俄罗斯数字经济及其相关领域发展成就 [EB/OL]. (2018-04-16). http://www.cietc.org/article.asp?id=7555.

了全国第一个 5G 试点。根据 2017 年 5 月俄罗斯通讯与大众传媒部公布的 5G 实施进度，到 2020 年前，5G 将会在俄罗斯 8 个大型城市中首先应用，到 2024 年 5G 网络将部署在人口超过 30 万的所有城市，5G 城市数量将扩展至 15 个。

作为国际 5G 巨头，华为技术有限公司在中俄移动通信合作领域发挥着重要的作用。华为技术有限公司智能手机在俄罗斯市场占有率位居第一，2014 年，华为技术有限公司承建总价值近 30 亿卢布的俄罗斯远东地区鄂霍次克海底光缆项目。2018 年，俄罗斯网络运营商巨头 VimpelCom 与华为技术有限公司签署协议，共同研发并测试 4.5G 和 5G 技术。2018 年底，华为技术有限公司在莫斯科和圣彼得堡两个技术研发中心的基础上又在鞑靼斯坦共和国建立了第三个通信技术科研中心，并与俄罗斯达成关于"华为支付"在俄罗斯上线的相关协议。华为技术有限公司公司拟通过与俄罗斯技术合作的方式，按照俄罗斯地方政府指定的标准帮助俄罗斯建立 5G 网络。

俄罗斯高度重视卫星通信技术的开发和应用。俄罗斯的全球定位系统"格洛纳斯"在苏联时期是全球第二大定位系统，由 24 颗卫星和 3 颗备份星组成。但在苏联解体后，由于经费投入困难，格洛纳斯目前仅剩 6 颗卫星，难以完成基本工作。俄罗斯在新一代高精度无线电导航系统"章鱼"—N1 开发使用以后，将"章鱼"—N1 与"格洛纳斯"导航系统整合并用，使"格洛纳斯"成为"章鱼"—N1 在地面的备用系统。"章鱼"—N1 为用户提供坐标校正，提高坐标精度，弥补俄罗斯全球导航卫星系统的缺陷。但是，为实现精准定位目标势必离不开卫星的帮助，俄罗斯基于中国的高度政治互信，加快了与中国北斗卫星导航系统的合作步伐。2015 年，中俄卫星导航重大战略合作项目委员会在中俄总理定期会晤委员会框架下成立，成立了四个工作组，包括兼容与互操作、监测评估、增强系统与建站、联合应用工作组。经过中俄双方的 5 次正式会议，双方共同签署发布了俄"格洛纳斯"与中国"北斗"系统兼容与互操作、融合应用等联合声明，开通运行了两系统监测评估服务平台，联合开展了两系统"一带一路"服务第一阶段测试，探索推进了跨境运输应用和芯片联合研发等合作，形成了 10 个标志性合作项目清单,全方位展开、深化两国卫星导航合作,取得了阶段性务实成果。2018年11月7日,中国和俄罗斯共同签署《中华人民共和国政府和俄罗斯联邦政府关于和平使用北斗和格洛纳斯全球卫星导航系统的合作协定》(简称《合作协定》),为两国在卫星导航领域广泛合作提供法律和组织保障,也标志着北斗与格洛纳斯两系统的合作进入新阶段。①

二、规则制度对接

中俄边区战略互动是一项长期的系统工程,需要实现规则和制度体系"软联通"要有一系列持续和一致的规则、标准和实践来推动双方市场准入和货物、服务、资本和人员的跨边界流动。该规则的首要目标是消除壁垒和障碍,营造更加公平的市场环境,增强中俄合作的发展潜力。从未来发展的角度来看,合作条件必须是开放的、双向的,要坚持全面开放原则,提升规则、制度和标准的质量,完成国际对接。这就迫切需要从法律、贸易、投资、能源、金融和争议解决等方面改进和创新,逐步形成中俄新的高质量、高标准的合作模式。

(一)法律制度与技术标准对接

就制度环境来看,中俄的相关法律规范都不够健全。中国没有专门制定对外投资法,对外投资实行"核准和备案制",急需修改完善境外投资管理办法,并推进境外投资条例制定工作。作为转型经济体,俄罗斯法律制度尚处于建设过程中,法律法规不健全,无法可依或有法不依、执法不严是其面临的主要问题。根据2017~2018年全球竞争力报告统计,俄罗斯在产权、知识产权和股东权益保护方面在全球137个国家中排名均在100位之外。法律制度不健全导致的直接后果之一就是经常因单方面原因违背契约精神、搁置合作项目。由于俄罗斯法律分为联邦法律和地方法律,法律体系复杂,投

---

① 北斗卫星导航系统网. 中俄卫星导航政府间合作协定在京签署 [EB/OL]. (2018-11-07). http://www.beidou.gov.cn/yw/xwzx/201811/t20181107_16502.html.

资者在不同的地区需要遵守不同的法规,使中国企业对俄投资因法律冲突而面临运营风险。

中俄法律制度的对接可通过双边和多边多种形式实现。1990年中国与苏联修订了《中苏共同交货条件议定书》,1992年共同签署《中华人民共和国和俄罗斯联邦关于民事和刑事司法协助的条约》。2006年中俄签署、2009年实施了《中俄政府间投资保障协议》,该协议成为中俄两国间开展贸易活动的基础法律保障。2014年10月13日中俄正式签署《中华人民共和国政府和俄罗斯联邦政府对所得避免双重征税和防止偷漏税的协定》,该协定于2017年1月1日开始适用。2016年1月18日俄罗斯又与中国香港签署了一项关于避免双重征税和防止偷漏税的协议。此外,中国和俄罗斯分别针对不同的国外资本制订了一系列优惠政策,比如《符拉迪沃斯托克自由港法》。但是,随着中俄经贸投资合作的不断深化发展,鉴于原有经贸投资法律文件在新的形势下仍存在许多问题,如双方对仲裁标准及仲裁结果适用存在巨大差异,双方对中小企业保护未给予充分重视,双方产业投资开放领域限制过多,双方经贸投资保护覆盖不全面、不系统等。为此,中俄应升级双边投资保护协议,尽快制定一部更加细致、层次更高、覆盖更加系统和全面的资本市场双边投资者保护条例。另外,中俄还可以通过欧亚经济联盟与"一带一路"对接框架,尤其是利用建立自贸区等方式加速法律制度与规则的对接尝试。中国目前已签署16项国际自由贸易协定,涉及24个国家和地区。随着中俄战略协作关系的深化,建设中俄自贸区可以有效地提升中俄法律对接实效,中俄如通过自贸区建设直接签署自贸协定,就可以直接为两国经济纵深合作提供有力的法律与制度保障。

由于俄罗斯和中国对产品的标准和质量要求不一致,在技术标准、产品质量要求等方面存在不统一,成为阻碍双方经贸投资合作的重要障碍。例如,在环保领域,俄罗斯凭借本国技术优势、环境意识优势制定了一系列要求苛刻且复杂多变的绿色贸易壁垒规则,这些绿色贸易壁垒大大提高了中国投资者市场准入的门槛,严重影响中俄经贸投资合作的可持续发展,加剧了两国之间的贸易摩擦。我们必须认识到,我国在环保领域与国际标准仍存在较大差距。因此，中俄双方应立足双方基本国情，逐步通过"绿色标准"体系的完善实现与国际"绿色标准"的双向对接，从而实现两国标准的接轨，逐步形成有利于双方农业、汽车等产业深入合作的绿色环保法律制度与标准体系。在多边的框架下，中俄可通过WTO、金砖国家等平台推进法律制度与技术标准的对接。与此同时，作为WTO成员方，中国和俄罗斯可以充分利用WTO规则来减少中俄之间的贸易壁垒和非贸易壁垒。中俄可以在WTO框架下进行纠纷解决，并同时按照WTO的规则修改完善法律制度，提高政策透明度，改善投资环境，为两国之间的贸易提供法律保护。

在现有中俄法律制度框架下，双方应展开广泛司法与仲裁等领域合作，大力宣传中俄两国的法律信息，更好地为两国企业和公民搭建法律服务平台，提供法律服务，消除企业因对中俄两国法律不了解而产生的投资贸易障碍。

（二）商务规则对接

良好的营商环境是中俄边区国家战略顺利对接的重要保障。中俄边区的我国东北地区和俄罗斯远东地区都面临着营商环境不佳、制度不健全等问题。就营商环境而言，据世界经济论坛发布的《2017～2018年全球竞争力报告》统计分析，俄罗斯尤其是俄罗斯东部地区面临着较为严重的腐败、金融市场不发达、受教育的劳动力不足、贸易投资便利化水平不高等问题。腐败盛行使得在俄罗斯远东地区经营商业的隐性成本增加，行政效率低下，行政权力凌驾于制度和市场之上，加剧了企业的经营风险。中国东北地区的营商环境优化问题同样是当地政府面临的紧迫问题，"投资不过山海关"深刻体现了东北地区营商环境窘境。国家主席习近平在2016年、2018年两次到东北的调研中都明确指出东北振兴的薄弱环节就是观念、体制落后，营商环境不佳。

2012年5月，俄罗斯总统普京指示政府采取措施，提高俄罗斯在世界银行"营商环境报告"中的排名，目标是将2011年的第120位于2015年提升至第50位，于2018年提至第20位。①中国共产党第十八次全国代表大会以来，将优化营商环境作为重点工作来抓，并明确制定了2018年底前构建营商环境评价机制，在22个城市开展试评价；2019年，将在各省（自治区、直辖市）以及计划单列市、副省级城市、省会城市和多个地级市进行营商环境评价，并定期编制发布《中国营商环境报告》；2020年，将进一步建立健全营商环境评价长效机制，在全国地级及以上城市开展营商环境评价，定期发布《中国营商环境报告》的工作日程表。②世界银行2019年发布的《2018年营商环境报告》显示，2018年中国营商环境总体评价位列46位，较2017年度上升32位，成为营商环境改善最大的经济体之一。③俄罗斯在世界银行2019年发布的《2018年营商环境报告》中排名第31位，自2011年以来提高了89位。④但由于远东地区和中国东北地区均属于两国落后地区，营商环境建设滞后国内整体水平，因此在两国优化营商环境的过程中，两个地区各种隐性的非关税壁垒和市场准入障碍依然比较多，在商务和投资便利化规则方面的掣肘问题仍然严峻。俄远东与中国东北未来可围绕世界银行营商环境评价指标体系或本国各自的营商环境评价体系，加快优化商事规则市场化、便利化改革，在逐步实现与国内营商环境建设同步的基础上，依托俄远东与中国东北的区域协调机制，广泛开展研究和交流，就口岸效率、海关环境、知识产权保护、反垄断政策等领域，就俄远东—中国东北区域营商环境评级与优化制定适合本地区发展的评价体系并发布相关年度报告。

（三）政务规则对接

政务环境作为软环境的重要内容，在软环境建设中起着先导性作用。好的政务环境会大大便利跨境投资。中俄经贸投资合作应就双方政府，尤其是

---

①④ 中俄资讯网. 俄罗斯在世界银行营商环境排名中提高4位［EB/OL］. （2018－11－06）. http：//www. chinaru. info/zhongejmyw/shichangshangqing/54839. shtml.
② 百度网. 国务院下硬任务：2018年底前构建营商环境评价机制［EB/OL］. （2018－08－14）. https：//baijiahao. baidu. com/s？ id＝1608778741039708643&wfr＝spider&for＝pc.
③ 中国日报网. 中国营商环境排名大幅上升［EB/OL］. （2018－12－26）. https：//baijiahao. baidu. com/s？ id＝1620875602238667851&wfr＝spider&for＝pc.

地方政府的市场服务的政务规则优化进行深入合作，进一步提升软环境尤其是政务环境建设水平，为中俄跨境经贸投资合作提供良好的营商环境。

全球清廉指数是由世界著名非政府组织透明国际通过对全球各国商人、学者及风险分析人员对各国廉政与腐败情况的观察和感受进行比较分析整理而建立的清廉指数排行榜。在透明国际发布的2018年全球清廉指数排名中，中国在该指数列出的180个国家和地区中排名第87位，俄罗斯排名第138位。[①] 总体来说，中俄两国的政务环境都不尽如人意。

自2013年提出"简政放权"改革以来，中国政府持续推进"放管服"改革，东北地区也相继推出各种优化政务环境的措施。例如，辽宁深入开展"纠四风""办事难"等专项整治行动，黑龙江集中开展了政府失信违诺专项清理、机构编制专项清理、不作为乱作为专项整治等方面专项治理行动。黑龙江省政府将"办事不求人"直接写进2019年政府工作报告的工作目标，并在省人民代表大会发布的《黑龙江省优化营商环境条例》中就解决"新官不理旧账"和实现"办事不求人"进行立法保障。

普京在任期间始终致力推进"风暴式"反腐，打击国内的腐败官员和金融寡头。2008年，俄罗斯通过颁布《俄罗斯联邦反腐败法》，逐步建立和完善了官员财产申报和公开制度。近年来，俄罗斯还加大了"阳光政府"的建设步伐，积极推进政府信息公开制度。2017年底俄罗斯总统普京签署法令，从2018年1月1日起俄罗斯将编制腐败官员人名册，将因腐败问题被解职的联邦国家公务员列入该名册，并将相关信息保留5年，以确保国家机关在招录人员时可以获得此信息。[②]

中俄两国以往在反洗钱领域有广泛而深入的合作，目前又都在推进反腐及政务改革。俄罗斯远东和中国东北地方政府可进一步加深双方在政务信息公开、政务电子化、联合反腐、反洗钱等领域的交流与合作。

---

① 俄罗斯卫星通讯社. 2018年全球清廉指数：中国排87位俄罗斯138位 [EB/OL]. (2019-01-29). http://sputniknews.cn/politics/201901291027512166/.

② 新京报. 普京开年就反腐，俄罗斯腐败之症病入骨髓？[EB/OL]. (2018-01-02). https://baijiahao.baidu.com/s?id=1588480727825592458&wfr=spider&for=pc.

三、产业与市场对接

基础设施对接是中俄边区战略对接实现的硬件基础,法律制度、技术标准和商事政务规则是中俄边区战略对接实现的软件条件,无论是硬件还是软件的对接,归根结底都是为了更好地实现中俄边区战略产业与市场的对接。中俄两国产业与市场的对接实施应以贸易对接为基础,注重产能对接,以金融对接为突破,将双方发展战略规划叠加领域作为关键点进行全面对接。

(一) 以贸易对接为先行

俄远东地区产业发展基础薄弱,中国东北地区的产业结构转型滞后,承接的转移产业还没有形成大规模的集群。中俄合作首先需要形成融合度较高的开放型经济体系,作为产业合作发展的基础,目前这一基础还在形成过程中,但中俄间在能源、农业、林业、机电、旅游服务等传统领域和航天航空、电子商务等数字经济、北极合作新兴领域的贸易规模增长具有巨大潜力。中俄贸易规模与双方经济体量相比具有巨大的增长空间。短期内实现贸易规模的快速增长,对中俄未来深化投资与产业合作具有重要刺激作用。在基础设施互联互通已有一定基础的条件下,中俄双方应以增加双边贸易额为优先发展方向和近期目标,建设中俄自由贸易区,充分利用物流中心枢纽优势,大力发展电子商务,通过提升贸易便利化程度,拓展民间合作渠道,实现贸易规模突破。2019年3月,国务院总理李克强在十二届全国人大二次会议上回答中外记者提问时就"中俄贸易2018年突破千亿,达到历史新高"发表讲话时表示:"这是一个新的标志,中俄双方合作还会拓展到更多领域。大项目要抓、大宗商品贸易也要抓,推小微企业、跨境电商的合作还要抓。既可'上天',又可'下地';既要推进航天航空等领域合作,也要鼓励和促进民间交流。中俄要把'十八般武艺'都用上,在现在1 000亿贸易规模基础上,实现2020年翻番的新目标"。

未来,俄远东与中国东北应充分发挥自身优势,加快以黑龙江边境城市为主的中俄两国边境口岸物流体系建设和珲春与扎鲁比诺港联动发展。通过对俄罗斯符拉迪沃斯托克自由港建设和辽宁自贸试验区大连片区建设的深度融合，努力将这一区域合作建成为东北亚地区乃至全球的国际物流中心。推进中俄海关、港口、综合保税区、跨境经济合作区等有关部门对接，继续深化标准计量、检验检疫、通关运输等领域的合作。不断完善利用自身优势，大力推进中俄机电、高新技术和农产品贸易规模，进一步优化和稳定贸易结构；积极推进跨境电子商务、文化服务产业、旅游服务产业等新业态发展，挖掘新的贸易增长点；充分利用中国国际进口博览会、中俄博览会、东方经济论坛、圣彼得堡经济论坛等重点展览平台，精心设计展览和商业活动，促进中俄地方和企业对接融合，不断拓展合作空间；双方政府应加强对两国各行业商协会和各类中介服务专业机构等加强合作，构建有利于中俄加强合作的社会化公共服务体系，大力支持中俄中小企业加强合作，为中俄双边贸易持续快速增长注入新动力。

（二）以产能对接为重点

中俄双方的贸易增长动力归根结底来自双方融合性开放型产业体系的形成和不断完善。中俄历史上也曾出现过几次贸易规模的快速增长，但由于贸易结构不合理，贸易的增长与能源市场行情具有显著的相关关系，呈现脆弱性强的特点。中俄贸易增长的可持续性长期来看依托于中俄产能对接情况。俄远东与中国东北地区由于特殊的优势，在中俄产能对接中作为前沿地带，必然发挥重要作用。

未来，俄远东地区和中国东北可依托中俄跨境经济合作区、自由贸易区、超前发展区和自由港等边境沿线进行跨境产业链体系构建，重点在能源加工、机电、汽车、航天航空、农业、林业、旅游等领域展开产业合作，充分利用两国资源和地缘优势，形成产业聚集的规模效应。

（三）以金融对接为突破口

加强金融合作是推动中俄两国经贸和产业投资合作不断深化的重要前提

条件。中俄双方都有进行国际金融体系调整和改革的重要需求。美国主导的西方经济制裁，严重遏制了俄罗斯的美元贸易结算和美元融资，为此俄罗斯积极推进"去美元"战略，大量买入黄金并推进本币及人民币结算。俄罗斯在应对外部制裁的同时，自身国家战略的推进存在大量的资金缺口，急需与存在高度政治互信和强大经济实力的中国进行金融领域的深入合作。近年来，积极地推进人民币国际化成为我国金融领域重大课题，我国在人民币的结算、储备和金融资产计价等方面采取了一系列促进措施以推动人民币国际化水平。

2018年6月的《中华人民共和国和俄罗斯联邦联合声明》中表明："中俄双方将继续加强金融领域的合作，提高本国货币在贸易和投融资领域的比重，并在支付系统、保险等领域开展合作；推动两国在新开发银行和亚洲基础设施投资银行等多边开发机构中的密切合作，为两国的基础设施和现代化建设提供资金"。"近年来，中俄金融合作发展快速，合作范围不断扩大，合作层次逐步深化，合作方式也不断创新，特别是在合作机制、货币结算、跨境融资、银联卡支付等方面取得了重要进展"。[①] 截至2018年9月，已经有6家中资银行在俄罗斯设立支行和代表处，9家俄罗斯银行在我国设立分行和代表处。俄罗斯企业已经成为中国第一批在"一带一路"沿线成功发行熊猫债券的企业。中方宣布建立中俄区域合作发展投资基金，总规模为1 000亿元人民币，以促进中俄在远东地区的经贸合作。哈尔滨新区建立了全国第一个中俄跨境金融服务中心，内含中俄本币结算交易平台、建中俄跨境电商在线支付平台和对俄投融资平台。[②] 但在资本市场合作方面，随着2017年俄罗斯铝业联合公司在中国香港证券交易所上市，开通深港通、沪港通和少量中国投资者在莫斯科证券交易所投资，中俄资本市场合作再没有进一步举措。虽然，中俄已就双方利用相互证券市场发行主权债和公司债等问题展开磋商，但还没有取得突破。在支付领域，在中国银联对俄加强合作基础上，微信、支付宝、华为支付等也进入俄罗斯市场，但受俄罗斯2018

[①②] 东北网. 中俄金融合作提档升级正当时 [EB/OL]. (2018 – 09 – 15). https：//baijiahao. baidu. com/s？id =1611633948526259292&wfr = spider&for = pc.

年 12 月关于"加强对俄罗斯境外支付系统和电子支付服务管控"的相关法令限制，境外支付系统和电子支付服务（支付宝，微信等）被禁止为俄罗斯公民提供服务，仅限俄罗斯非居民可使用，也使得中俄在电子货币和数字支付领域的合作空间受到极大限制。

未来，中俄应加快金融领域合作，要特别关注产业发展、产业链整合方面的金融创新与服务，为两国实体经济发展提供重要金融支持。要深化中俄两国宏观经济金融信息等方面的交流与合作；加强金融机构间的合作，吸引更多社会资金参与远东开发；要强化金融监管，完善金融规则，实现制度与机制的精准对接，为中俄金融机构间的合作提供制度保障；推动中俄经贸投资更多地使用人民币和卢布进行直接融资和结算，同时挖掘特色业务潜力，丰富金融产品种类，进一步提高中俄边区金融服务能力。

第四章

黑龙江省对俄跨境产业体系构建发展的现实基础

俄罗斯海关总署相关统计显示,俄罗斯2017年对外贸易总额为5876亿美元,同比增加24.7%,顺差为1306亿美元。其中,出口额为3591亿美元,同比增长24.8%;进口额为2285亿美元,同比增长24.5%。继德国、意大利等欧盟国家之后,中国已经连续几年成为俄罗斯最大的贸易伙伴。

黑龙江省在俄中双方开展经贸合作中发挥着重要而又积极的作用。俄罗斯联邦驻华大使安德烈·杰尼索夫曾在2018年11月中国外交部和黑龙江省政府共同举行的黑龙江全球推介活动上表示,"远亲不如近邻",黑龙江省在俄中双边关系中扮演着非常独特的角色。

第一节 黑龙江省对俄经贸与投资合作概况与地位分析

一、经贸合作概况与地位分析

2014年,黑龙江省全年对外进出口贸易总额为389.0亿美元,其中对俄进出口贸易总额高达232.8亿美元，占比60%；对俄边境进出口贸易总额较同期下降3.8%，为91.2亿美元。① 2014年中国对俄进出口贸易总额为884亿美元，② 其中黑龙江对俄贸易占比达26%，较同期增长4.1%。

2015年，黑龙江省全年对外进出口贸易总值为108.5亿美元，其中对俄一般贸易额和边境小额贸易额分别占全省对俄进出口总值的57.5%和32.1%。③ 2015年中国对俄进出口贸易总额为682亿美元，④ 其中黑龙江对俄贸易占比达15.9%。

2016年，黑龙江省全年对外进出口贸易总额为165.4亿美元，其中对俄进出口贸易占比较同期略有提高，为56%。对俄贸易总额为91.9亿美元，较同期下降了15.3%，其中对俄出口17.0亿美元，下降27.7%；对俄进口74.9亿美元，下降11.8%。对俄边境进出口贸易总额较同期下降18.6%，为31.7亿美元。⑤ 2016年中国对俄进出口贸易总额为695亿美元，⑥ 其中黑龙江省占比达13.2%。

2017年，黑龙江省对俄贸易实现总值109.9亿美元，占全省全年进出口总值189.4亿美元的58%，占全国对俄贸易总额840.7亿美元的13.1%。其中，对俄出口16.1亿美元，下降5.3%；自俄进口93.8亿美元，增长25.1%。对俄边境进出口贸易总额较同期增长19.5%，为32.7亿美元。⑦

2018年，黑龙江省对俄罗斯进出口总值达184.45亿美元，较2017年增长64.7%，占全国对俄进出口总值1 070.6亿美元的17.23%，当之无

---

① 资料来源：《2015年黑龙江省统计年鉴》和《2015年黑龙江省政府工作报告》，或根据相关数据计算．
② 资料来源：《2015年全国统计年鉴》．
③ 资料来源：《2016年黑龙江省统计年鉴》和《2016年黑龙江省政府工作报告》，或根据相关数据计算．
④ 资料来源：《2016年全国统计年鉴》．
⑤ 资料来源：《2017年黑龙江省统计年鉴》和《2017年黑龙江省政府工作报告》，或根据相关数据计算．
⑥ 资料来源：《2017年全国统计年鉴》．
⑦ 资料来源：《2018年全国统计年鉴》《2018年黑龙江省统计年鉴》和《2018年黑龙江省政府工作报告》，或根据相关数据计算．

愧地成了对俄贸易第一大省。黑龙江省对俄贸易的增速超出同期黑龙江省总进出口贸易增速28.3%，超出同期全国对俄进出口增速40%以上。在出口下滑的背景下，进口增速高达80.4%，突破1100亿元人民币，创历史新高。由于油气进口大幅增加的原因，黑龙江省对俄贸易逆差翻倍，达到161.91亿美元。①

  2007年，黑龙江省对俄进出口总额突破了百亿元，但2009年黑龙江省对俄出口额大幅度下降，几乎"腰斩"，仅完成55.77亿美元，同比下降了49.6%，原因是俄罗斯受到2008年全球性金融危机的影响，其进口需求大幅度的萎缩。2008～2010年，黑龙江省对俄贸易地位逐渐落后于浙江、广东两省，位居全国第3位，对俄贸易总量在全国占比也从原来的1/4至1/5下滑至1/7左右。2011～2014年，黑龙江对俄贸易有所回升，但受乌克兰危机影响和国际市场原油价格断崖式下降，以及俄罗斯卢布贬值等多重影响，2015～2017年对俄进出口总额都不足2014年232.8亿美元的一半。②随着"一带一路"倡议的推进和中俄外交关系迅速升温，俄远东开发开放推出了一系列优惠政策，越来越多的省份参与到对俄经贸投资中。黑龙江省自2008年以后几乎失去了在全国范围内对俄贸易的领先地位。2017年黑龙江省对俄进出口额在全国占比跌至历史低位，仅为13.1%，之后的2018年情况虽有改观，但主要是受原油增供、资源性产品价格上涨等因素的助推。2018年初，中俄原油管道二线正式运行，2018年黑龙江省实现自俄进口原油2663.9万吨，较2017年度增长约60%；进口总值达到944.4亿元，较2017年度增长约110%，占同期全省自俄进口总值的82.4%。其中自俄管道运输进口占对俄进口原油的95%以上，比上年增加56.3%。③详见表4-1。

---

  ① 资料来源：《2018年全国对外直接投资统计公报》.
  ② 资料来源：2007～2018年，历年《全国统计年鉴》《黑龙江省统计年鉴》和《黑龙江省政府工作报告》.
  ③ 新浪网. 2018年黑龙江对俄进出口总值1220.6亿元人民币. [EB/OL]. (2019-02-17). http://hlj.sina.com.cn/news/ljyw/2019-02-17/detail-ihqfskcp5897944.shtml?from=.

表4-1　　2007~2018年黑龙江省对俄进出口额及在全国占比情况

年份	进出口额 规模（亿美元）	进出口额 同比增长（%）	进出口额 占全国比重（%）	进口额 规模（亿美元）	进口额 同比增长（%）	出口额 规模（亿美元）	出口额 同比增长（%）
2007	107.28	60.4	22.3	25.57	19.1	81.70	79.96
2008	110.63	3.1	19.5	30.93	20.9	79.71	-2.44
2009	55.77	-49.6	14.4	23.09	-25.4	32.68	-59.00
2010	74.74	34.0	13.5	31.89	38.1	42.85	31.12
2011	189.90	154.0	24.0	146.39	359.0	43.47	1.45
2012	213.09	12.2	24.2	161.50	10.3	51.56	18.61
2013	223.65	4.9	25.1	154.60	-4.3	69.09	34.00
2014	232.80	4.1	24.4	142.80	-7.6	90.03	30.30
2015	108.50	-53.6	15.9	84.90	-40.5	23.50	-73.90
2016	91.90	-15.3	13.2	74.90	-11.8	17.00	-27.70
2017	109.90	19.6	13.1	93.80	25.1	16.10	-5.30
2018	184.45	64.7	17.23	173.18	80.4	11.27	-29.50

资料来源：《全国统计年鉴》《黑龙江省统计年鉴》和《黑龙江省政府工作报告》.

从黑龙江省近年来与俄罗斯贸易的商品构成来看，黑龙江省对俄出口的主要商品有纺织品、服装、鞋等轻工产品及机电产品、农副产品等，占对俄出口较大的比重份额。黑龙江省自俄进口的主要商品为原油、原木、锯材、肥料、铁矿砂及其精矿、粮食、纸浆、煤、成品油、合成橡胶等。总体来看，单一的贸易结构、低附加值的贸易产品、传统的以边境小额贸易及一般贸易为主的贸易模式已经很难满足当前我国与俄罗斯日益深化的贸易合作需求。黑龙江省应调整贸易结构和贸易方式，发挥对俄合作排头兵和桥头堡作用，通过引入国内外优质加工企业，发展大宗资源产品精深加工，形成从贸易到加工再到产业的深度发展，发挥投资与贸易联动效应，完成对俄跨境产业体系的系统谋划和建设，才能重新取得对俄经贸合作核心竞争力。

二、投资合作概况与地位分析

2017年中国对外直接投资流量1 582.9亿美元，全球占比11.1%，位居全球第三位。截至2017年末，我国对外直接投资存量增加至18 090.4亿美元，占全球对外投资存量的5.9%，仅次于美国。[①] 随着中国对外投资的"步伐"加大，对外投资总量大幅增长，对俄投资在这样的背景下，也取得了较好的发展，但是与我国重点投资的其他国家和地区相比较，对俄投资的规模依然很小。

2015年中国对俄直接投资较2014年有了飞跃性的增长，从2014年的6.34亿美元大幅提高到29.61亿美元，[②] 同比增长了367.3%，但是即使如此，相较于中国对外投资总额，对俄直接投资占比依旧很小，从2014年的0.5%上升到了2015年的2%。2016年我国对俄直接投资流量为12.93亿美元，较2015年下降56.3%，占全国直接投资总量的0.7%。2017年相比2016年对俄投资总量增加了19.7%，达到15.5亿美元，占全国直接投资总量的1%。[③] 从行业分布情况来看，我国对外投资的行业主要集中在采矿业、农林牧渔、金融业、制造业、批发和零售业、科学研究和技术服务业等。中国对俄投资在我国整体对外直接投资相比中国香港、东盟、欧盟、美国等地具有较大差距。从存量来看，主要分布于采矿业、农林牧渔业、制造业、租赁和商务服务业，实现投资额分别达到61.8亿美元、30.1亿美元、11.6亿美元、11.2亿美元，[④] 投资占比分别达到47.6%、23.2%、8.9%、8.6%。截至2017年末，我国在俄设立了近千家的境外企业，雇用外籍员工约2万人。随着俄新远东开发开放战略的推进，越来越多的中国企业将投资地选择在俄罗斯远东地区，据俄方统计数据显示，在俄远东地区的外资中有85%来自中国。

[①] 资料来源：《2018年全国对外直接投资统计公报》.
[②] 资料来源：《2016年全国对外直接投资统计公报》.
[③] 资料来源：《2017年全国对外直接投资统计公报》，或根据相关数据计算.
[④] 资料来源：《2017年全国对外直接投资统计公报》.

2006~2014年，黑龙江省约70%的对外投资额都是对俄投资。在个别年份，如2006年和2009年都高达97%以上。近年来，黑龙江省对外直接投资呈现投资国家（地区）多元化特点，对俄实际投资额大幅下滑。2015年备案对俄投资境外企业97家，备案投资额34.6亿美元，实际投资额1.46亿美元。[①] 2016年黑龙江全省有105家企业对21个国家和地区的120家境外企业实际投资12.39亿美元，占全国的0.73%，其中对俄实际投资额仅为1.03亿美元，占全省对外投资额的8%，远低于对中国香港9.37亿美元的水平。详见表4-2和图4-1。

表4-2　　　　2006~2017年黑龙江省对俄直接投资及在全国占比情况

年份	全国对俄实际直接投资额（亿美元）	同比增长（%）	黑龙江省对俄备案投资额（亿美元）	同比增长（%）	黑龙江省对俄备案投资总额占比（%）
2006	2.00	185.70	1.20	37.20	97.60
2007	4.80	140	1.20	3.40	75.20
2008	3.95	-17.70	2	67.20	72.80
2009	3.48	-11.90	7.40	263.20	97.60
2010	5.68	63	4.50	-39.10	54.50
2011	7.16	26.10	3.70	-17.70	63.30
2012	7.85	9.60	4.30	15.40	58.80
2013	10.22	30.20	7.20	67.80	66.60
2014	6.34	-38.00	14.70	105	75.80
2015	29.61	367.30	41.80	182	60.60
2016	12.93	-56.30	30.20	-27.80	57.50
2017	15.50	19.90	8.70	—	—
2018	82.00	—	5.80	-33.40	—

资料来源：商务部历年《对外直接投资统计公报》、黑龙江省商务厅公布的《全省商务运行数据》。

---

① 曹晓东，马琳，郭丽春. 供给侧改革背景下黑龙江省对外投资新策略 [J]. 对外经贸，2018（3）：17-25.

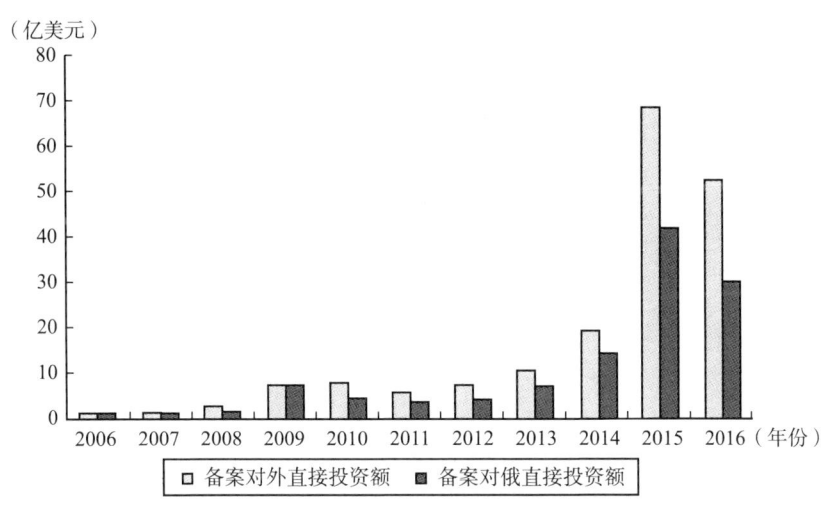

图 4-1　2006~2016 年黑龙江省对外直接投资额和对俄直接投资额

资料来源：曹晓东，马琳，郭丽春. 供给侧改革背景下黑龙江省对外投资新策略［J］. 对外经贸，2018（3）：17-25.

相关数据显示，截至 2017 年末，黑龙江省在俄投资项目 674 个，对俄非金融类直接投资存量为 29.79 亿美元，其中对俄投资领域主要集中在能源矿产业、林业、农业、加工业及园区建设，对俄工程承包及劳务合作主要集中在森林采伐、农业种植和建筑工程行业。黑龙江省在俄远东和西伯利亚地区获得森林采伐权 1 200 万公顷，是全省林地总面积的 1/2，对俄矿产资源投资项目 20 个。黑龙江省对俄投资合作项目主要分布在俄远东的滨海边区、哈巴边区、犹太自治州、阿穆尔州和外贝加尔边疆区。

黑龙江省已经或正在实施启动的中俄地区间合作大项目，包括同江大桥、黑瞎子岛、绥芬河综合保税区、乌苏里斯克经济贸易合作区、陆海联运大通道、管道原油、跨境能源合作等，其示范性和牵动力作用凸显。许多重点合作项目建设已经取得重大突破。黑龙江省在阿穆尔州投资建设 60 万吨水泥厂；中石油集团漠大线管道项目（中俄原油管道二线）投入商业运营，从东北通道进口原油从 1 500 万吨增至 3 000 万吨；同江的铁路大桥项目也将于 2019 年正式投入运营；阿穆尔—黑河边境油品储运与炼化综合体项目即将竣工，将实现管道从伊尔库茨克州的科维克塔气田经过雅库特恰扬达气田、阿穆尔州布拉戈维申斯克，穿越阿穆尔河跨越俄中边境，与以黑河市为起点，直通上海的长度为3 170千米的中国管道的联通；阿玛扎尔林浆一体化项目、天狼星集团特罗伊茨克电站动力岛项目、图瓦铅锌多金属矿开发项目、犹太自治州南兴安锰矿开发项目、滨海边区康斯坦丁煤矿开发项目、中俄东线天然气管道工程项目等在建重点标志性项目进展顺利。

在俄罗斯投入运营的中资公司面临着许多困难和问题。第一，中资企业整体销售额呈现下滑趋势，主要原因是俄罗斯居民整体需求下降；第二，俄罗斯劳动力资源本身匮乏，其引进国外劳务工作者时，又采取十分严格的配额制度，导致在俄投资运营的中方企业没有足够的劳动力，很难满足正常的生产需求；第三，俄罗斯与我国"产能过剩"恰恰相反，其基础产业产能十分短缺，无法满足生产需求，且价格居高不下；第四，俄罗斯国家标准和对于行业的一些标准与国际通用标准存在差异；第五，在资金方面，俄罗斯商业银行普遍贷款利率较高，限制了企业的发展；第六，在法律方面由于中方企业不够了解俄罗斯的相关法律法规，在合理避税、管理劳工等方面十分被动，一旦涉及行政处罚，不能很好地及时应对，因此导致了企业处理此类事件时需消耗大量的精力，导致企业承担较高的运营成本；第七，俄罗斯的投资环境有待改善。由此看来，中俄投资合作还处于初期。

第二节　黑龙江省对俄产业合作通道建设情况

2015年4月，黑龙江省委、省政府出台了《"中蒙俄经济走廊"黑龙江陆海丝绸之路经济带规划》，"龙江丝路带"建设积极响应了国家"一带一路"倡议。黑龙江省的龙江丝路带建设规划将基础设施互联互通、跨境运输体系、能源合作开发、跨境产业园区建设等方面建设作为核心内容进行全方位布局规划。经过中俄双方共同努力，黑龙江对俄产业通道建设硕果累累。

一、在基础设施互联互通方面

我国与俄罗斯远东地区的贸易合作主要通过陆路、水路两类通道完成。在陆路贸易方面，黑龙江省具有十分明显的优势，因其与俄罗斯远东地区的5个州相接壤，边境线总长约70%都为中俄边境线，拥有国家一类口岸25个和10个边境互市贸易区。

在"一带一路"倡议背景下，黑龙江省积极把握战略机遇，谋划陆路、陆海、航空立体综合交通运输物流体系建设，大力推进"三桥一岛一道一港"项目的建设。2016年12月4日，中俄黑河界河公路大桥开工建设，大桥于2019年3月实现合龙，10月交工贯通。大桥建成后将实现中国黑河市和俄罗斯布拉戈维申斯克市直接互通互联，成为首个国内套轨跨境铁路大桥，中俄同江界河铁路大桥项目中方段目前已经完工，2018年10月10日俄罗斯段和中国段在犹太自治州合龙，大桥在2019年6月建成，建成后可使同江口岸与西伯利亚大铁路相贯通，东连俄远东最大城市哈巴罗夫斯克，西通欧洲大陆，可适应不同规格的轨道轨距。东宁跨境公路大桥、黑瞎子岛陆路口岸、俄罗斯滨海1号国际通道和符拉迪沃斯托克港口的建设、经营也取得阶段性成果，中俄黑河跨江空中索道项目初设基本完成，所需资金全部落实，中方工程已经开工。

在传统对俄陆路通道建设的基础上，黑龙江省还积极打造"一带一路"空中走廊，重点进行国际机场和支线机场建设，目前已拥有包括哈尔滨太平国际机场、齐齐哈尔三家子机场、牡丹江海浪机场、佳木斯东郊机场4个国际机场在内的12个机场，居东北之首，全国第五。根据黑龙江省《黑龙江省通用机场布局规划（2018~2030）》，到2025年，全省将再新增10个支线机场，机场数量将达到23个。到2030年，将累计建成A2级以上通用机场68个，基本实现"县县通"，省会城市哈尔滨市的通用机场数量将达到11个。

在积极推进"一带一路"建设背景下，黑龙江省开通了省内至俄罗斯的莫斯科、符拉迪沃斯托克、雅库茨克、布拉戈维申斯克、叶卡捷琳堡等城市；朝鲜的平壤；韩国的首尔、济州岛等城市；日本的东京、大阪、新潟；泰国的曼谷（季节性）、普吉岛等城市的国际航班。2011~2017年，黑龙江省支线机场乘客吞吐量增加了2倍多，从138万人次增加到329万人次。截至2017年末，已经有49家国内外航空公司在黑龙江省投入运营，共开辟国内、国际航线306条，通航的省内城市增加至96个。2015年哈尔滨太平国际机场被获批实行72小时对俄过境免签政策。

虽然黑龙江省与俄罗斯尤其是远东地区在基础设施互联互通建设方面取得了很大的进展，但俄方边境交通基础设施不发达的情况依然十分严重。目前，正在规划改造和建设的俄境内的许多交通运输合作项目，仍存在俄方受资金等各方面原因的限制延期完成或推进迟缓等现象，这严重影响了中俄间基础设施互联互通水平的提升，制约了中俄边境地区商贸物流及产业合作的进一步发展。

二、在跨境物流运输网络建设方面

2015年4月12日，中俄韩"哈绥符釜"（哈尔滨—绥芬河—符拉迪沃斯托克—釜山）陆海联运常态化首班集装箱在韩国釜山港码头揭幕。2016年4月"哈绥符釜"正式投入运营。2015年7月14日，首列返程哈欧（哈尔滨—欧洲）间的国际货运班列运行，黑龙江连接欧洲的黄金通道正式投入使用。2016年2月27日，首班哈俄（哈尔滨—俄罗斯）班列发车。自此黑龙江实现了贯通亚欧大陆、陆海联运的物流通道的目标。黑龙江省还先后开通黑河、同江、萝北、饶河等地的冬季浮箱固冰对俄通道，实现四季通关，有效延长了冬季的有效运输时间。2015年2月在黑河口岸中俄首次通过浮箱固冰通道实现液化石油气批量运输，开创了冬季水上运输俄罗斯液化石油气先河。哈东金集团中俄界江首个粮食专用码头的正式启用，抚远经哈巴罗夫斯克港至尼古拉耶夫斯克市的江海联运通道航线的开通，意味着俄罗斯的粮食可以通过黑龙江的河运方式最终进入日本海，俄罗斯的粮食江海联运使得中国北粮南运水上通道得以实现，未来黑龙江省生产的粮食都将通过江海联运通道运送到国内各地以及国外。在2015年4月至2016年的两年时间里，黑龙江省积极筹备"哈欧班列""哈俄班列"和中俄韩"哈绥符釜"陆海联运三大通道的开通运营，这标志着"龙江丝路带"跨境陆海运输网络基本建成。黑龙江省重点加快了以对俄合作中心城市哈尔滨为核心的两小时经济圈的交通互联体系建设。哈佳（哈尔滨—佳木斯）快速铁路、哈牡（哈尔滨—牡丹江）客专虎峰岭隧道开工，哈齐（哈尔滨—齐齐哈尔）高铁开通运营。目前，形成了以哈尔滨站为中心点，以连接大连、齐齐哈尔、牡丹江、佳木斯四条高铁线路，及牡丹江和佳木斯的快速铁路为骨干的"一站五线"快速客运网络，这一网络将覆盖全省80%的人口和90%的经济总量，正在形成黑龙江省内、跨省、跨境一体化的综合交通运输体系框架。这意味着，未来以哈尔滨为中心，以大连至同江铁路、绥满铁路为延伸的主运线，和已建成的连接欧亚的国际运输线路，将合力为"中蒙俄经济走廊"提供运力支撑。

2015年，中俄能源贸易有了重要的突破，首先2015年5月，国家发展和改革委员会正式批复了阿穆尔—黑河跨境油品储运与炼化项目，这意味着中俄双方将形成长期稳定的油品加工贸易合作伙伴关系。同年5月21日中俄两国签署了《中俄东线管道供气购销合同》，在未来几年内将建成以黑河为入境起点的长达3 060千米的天然气管道，这条天然气管道将把俄罗斯的天然气通过黑龙江省和新疆地区运送到我国的腹地。2018年，俄罗斯开始通过天然气管道东线向中国输送天然气，输气量达到年均380亿立方米，未来的30年都将如此。随着中俄能源战略落户黑河，黑河每年可获得17亿元的税收支持。

黑龙江在跨境物流网络建设方面表现出典型的"过道经济"特点。虽然跨境商务物流网络多由黑龙江对俄沿边地区为起点，但物流供货与生产基地不在黑龙江省，黑龙江省的"地缘"优势极易化解，黑龙江省的地缘经济优势并没有转化为实际经济效益。

三、口岸建设情况

改革开放40多年来,黑龙江省获准对外开放的国家一类口岸数量达到25个,是我国对外开放一类口岸最多的省份之一。这25个国家一类口岸包括哈尔滨、佳木斯、桦川、同江、孙吴、黑河、呼玛、漠河等15个水运口岸,东宁、绥芬河、密山、虎林4个公路口岸和哈尔滨、齐齐哈尔、牡丹江、佳木斯4个航空口,铁路口岸包括绥芬河和哈尔滨2个内陆港。在上述25个国家一类开放口岸中,其中有15个是对俄边境开放口岸,分布于黑龙江省北部界河黑龙江和东部界河乌苏里江流域14个边境市县,其中绥芬河口岸、黑河口岸、抚远口岸在全国范围也是十分重要的口岸。与俄罗斯边境对应的口岸是:漠河—加林达;黑河—布拉戈维申斯克;逊克—波亚尔科沃;嘉荫—帕什科沃;萝北—阿穆尔泽特;同江—下列宁斯科耶;抚远—哈巴罗夫斯克;饶河—比金;虎林—列索扎沃茨克;密山—图里罗格;绥芬河—波格拉尼奇内(公路);绥芬河—格罗捷阔沃(铁路);东宁—波尔达夫卡;呼玛—乌沙科沃;孙吴—康斯坦丁诺夫卡。[①] 此外,黑龙江省还拥有中央政府批准的12个中俄边境互市贸易区中的10个。

(一)绥芬河口岸

绥芬河市地处黑龙江省东南边,东与俄罗斯滨海边疆接壤,西与哈尔滨满洲里相通,拥有得天独厚的地理条件,地处东亚核心地区,与俄罗斯对应口岸仅相隔16千米,与俄罗斯远东最大港口城市符拉迪沃斯托克相隔230千米,交通便利,有一条铁路和两条公路直通俄罗斯。1992年被国务院批准首批沿边扩大开放城市中就有绥芬河市;1999年6月获批中俄互市贸易区,2009年获批设立绥芬河综合保税区。2016年7月,绥芬河市成为黑龙江省第一批境外旅客离境退税试点城市。2014年,中俄双方海关

---

① 黑龙江人民政府网站.黑龙江对俄口岸情况[EB/OL].(2014-07-04).http://www.hlj.gov.cn/ztzl/system/2014/07/04/010667711.shtml.

和检疫部门联合实行"共同执法协作、先验后放"。2015年9月，绥芬河海关正式启动"舱单归并"，极大地提高了通关效率。2016年3月，绥芬河出入境检验检疫局覆盖所有企业、产品，全面实施一次性"申报、查验、放行"流程。

绥芬河铁路口岸站现有南、北两个站场，牡绥（牡丹江—绥芬河）线铁路扩能改造项目完成后，铁路口岸年过货能力由1 300万吨提升至3 300万吨，成为黑龙江省乃至全国铁路客货共线标准最高的铁路之一。绥芬河铁路口岸，全年24小时通关。铁路口岸进口主要以木材、煤炭、铁精矿、化肥为主，出口主要以建材、设备、箱包为主。目前，"哈牡绥俄亚"货运班列实现常态化运营，绥芬河铁路口岸连接韩、日及国内沿海多个港口，通过陆海联运，打通了龙江"出海口"，辟建了中外中、中外外陆海联运通道，初步搭建起连接环日本海经济区及我国长三角地区、珠三角地区的国际物流体系。

绥芬河公路口岸在1987年被国家确定为临时过货运输口岸，开始过客过货；1994年升级为国家客货运输一类口岸；2000年正式对外开放；2012年绥芬河市开始全面改造公路口岸。绥芬河将公路口岸改造成三个部分，分别为国门观光区、旅客检验区、货物检验区，投资7.89亿元人民币。2018年7月28日，绥芬河作为黑龙江省第一家正式启用公路口岸客车一站式电子化通道查验系统的口岸，通关时间缩减至20秒，此外绥芬河公路口岸客货通关实行每周7天12小时无午休制度，使通关变得十分便利。公路口岸进口主要以木材、水泥、废旧钢材、海产品等为主，出口主要以蔬菜瓜果、建材、服装、日用百货、机电产品为主。

2016年绥芬河口岸过境人数达100万余人次，铁路口岸累计进出口货物量首次突破千万吨，达到1 136.7万吨，同比增长25.9%。绥芬河口岸的建设是黑龙江省推进陆海联运通道建设的重要举措。绥芬河口岸及交通基础设施的建设实现了黑龙江省由内陆省份向通达海洋省份的转变。哈绥符釜（哈尔滨—绥芬河—符拉迪沃斯托克—釜山）班列常态化的投入运行不仅助力我国对外贸易的发展，也为我国跨地区产业融合提供了巨大的便利，货物借道俄罗斯远东港口抵达长三角、珠三角等经济发达地区，使得黑龙江与南方发达地区产业连接更加紧密。

（二）东宁口岸

东宁位于黑龙江省东南沿边三岔口朝鲜族镇，与俄罗斯远东铁路东端枢纽站乌苏里斯克市仅53千米距离，是与俄罗斯海港城市距离最近的中国口岸，与俄罗斯符拉迪沃斯托克市仅154千米距离。东宁口岸通过鸡图（鸡西—图们）公路及（哈尔滨—绥芬河）公路与国内联通。

1989年东宁口岸获批国家一类口岸；1990年中苏两国政府确认为双边公路汽车运输口岸，正式对外开放。1992年开通中俄旅客运输，1994年两国政府确认东宁—波尔塔夫卡口岸为中俄双边客货公路运输口岸。目前，东宁口岸是俄罗斯进境粮食、金伯利进程国际证书制度、中药材进口、进境食用水生动物、饲草进口标准指定口岸。口岸进口商品主要为粮食、海产品及食品、中药材、石油液化气、玉石毛坯等，出口商品主要为果蔬、机电产品、轻工业产品等。东宁口岸经过多年的发展培育了以废旧金属、旧机床、硅钢片、粮食、宝玉石、松子、果菜、干调、机电产品为主的多个全省最大的进出口特色商品集散地。

2017年，东宁口岸累计进出口货物达36.4万吨，其中水果蔬菜类货物出口达16.7万吨，成为俄远东地区最重要的果蔬进口地，据统计2017年东宁口岸进出口贸易额达48.7亿元人民币，其进出口贸易总值和货运量连续多年保持在黑龙江省公路口岸第一、沿边口岸第二的水平。自2016年10月，口岸正式实行7天12小时制度，更加便捷高效。[①]

（三）黑河口岸

黑河是我国的边境城市，位于黑龙江省东北部，以黑龙江为中界，与俄罗斯阿穆尔州首府布拉戈维申斯克市隔江相望，是中俄边境线上唯一两个

---

① 隋安辉，杜金莹，李逢时．边境口岸东宁改革开放风华正茂［J］．奋斗，2018（22）：27．

对应的地级市城市。两地间的货运码头间距 3 500 米、客运码头间距 650 米，是对俄边境口岸中距离俄罗斯最近、规格最高的口岸。

黑河口岸四季分明，不同季节的运输方式都有差异。冬季为冰冻期，黑河口岸采取货运浮箱固冰通道汽车运输；春季和秋季为流冰期，运输方式采用气垫船运输；夏季为明水期，运输方式为水上客货船舶和轮渡汽车。黑河口岸主要从俄罗斯进口大豆及豆制品、食品，向俄罗斯出口果蔬、轻工业产品、机械产品等。口岸货旅检采取一周 7 天无午休制度。随着黑龙江大桥的建设，黑河正在同步推进黑河—卡尼库尔干国际客货运输公路口岸联检设施项目建设。2019 年开工，与大桥同步投入运营，该项目占地 28.4 万平方米，投资约为 2.97 亿元，项目建设完成后将作为新口岸进行货旅输送，预计年过客量 285 万人次，过货量 620 万吨。随着对俄空中索道的建设，黑河也在同步建设跨黑龙江空中索道口岸区域项目，增加旅客通关方式。据了解该项目由黑河金龙港公司承建，正在积极准备，在 2019 年投入建设。

黑河口岸在 1987～2018 年的 30 余年的时间里，共输送旅客达 2 059.1 万人次，进出口货物达 890 万吨。2006～2012 年累计输送出入境人员超百万人次，过客能力居黑龙江各口岸前列。2018 年，黑河口岸进出口货物达 57.9 万吨，较 2017 年增长 51%，其中进口货物 44.1 万吨，较 2017 年同期增长 68.7%；出口货物 13.8 万吨，较 2017 年同期增长 13.1%。出入境旅客 87.9 万人次，同比增长 16.1%。[1] 未来，随着新公路口岸和空中索道口岸的开辟和建设，黑河口岸必将在中俄经贸往来和产业合作中发挥越来越大的作用。

(四) 抚远口岸

抚远口岸位于中国最东端，乌苏里江、黑龙江流经此口岸，有长达 275 千米的对俄边境线，距俄哈巴罗夫斯克市航道仅 65 千米。1992 年，抚远口

---

[1] 隋安辉，杜金莹，李逢时. 边境口岸东宁改革开放风华正茂 [J]. 奋斗，2018 (22): 27.

岸被批准成为国家一类口岸，1993年正式开通运营。抚远口岸是国家粮食、冰鲜水产品进口指定口岸，莽吉塔深水港是国家对外开放港口，港口已建成铁路专用线并投入使用，港口铁路专用线的使用使港口吞吐能力由原来的50万吨提高到80万吨，港口大宗货物集装箱进出口运输已形成规模。抚远口岸实行24小时预约制度，货物通关随到随检。抚远口岸与其他口岸有所不同，是典型的以出口为主的口岸，贸易额中90%左右都为出口贸易额。抚远口岸的出口商品主要是服饰类、轻工产品、五金家电、建筑材料、农用机械、果蔬粮食等，进口则多是木材、废旧物资。为打破夏季明水期时间短、口岸半年闲的限制，2016年抚远口岸开通抚远—哈巴罗夫斯克临时国际包机航线，实现四季通关。2018年抚远口岸进出口货物达到27.86万吨，同比增长47%，仅木材一项就达到25.99万吨。

总体来看，黑龙江省对俄边境口岸设置相对分散，各口岸发展定位同质化程度高，一些口岸为完成指标，不惜压低运价、提供各种优惠来争取货源、客源，导致整体利益受损，严重影响口岸产业与物流规模化和集约化发展。部分边境口岸全年无进出口过货或货量极少，挤压了其他重点口岸和所在地区发展所必需的投入，重点口岸"小财政供养大口岸"现象突出。另外，由于资金投入不足和历史欠账，虽然近年来黑龙江部分边境口岸的基础设施建设有所发展，但发展潜力巨大的口岸仍然面临功能与交通基础设施短板的矛盾，在口岸资质和进口（公路运输）石油、天然气等危化产品所需的换装场所等方面还需大量资金投入。俄罗斯与黑龙江省相对应一些的边境口岸基础设施建设非常落后，通货能力与货流量、货运量不相称，许多货物都积压在俄方口岸。更为突出的是，黑龙江省边境口岸产业结构性矛盾普遍存在，以机电设备、服装、家用电器、装饰材料、汽车零配件等轻工产品以及果蔬为主的出口产品难以实现在本土加工，从俄罗斯进口的原油、木材等资源型产品在口岸境内外园区落地不足，缺乏支柱产业，难以形成产业聚集效应，未能构建起成体系的产业链。仅仅依靠"过道经济"，导致口岸县市财政与经济发展状态对外贸依赖性很强，抗风险能力极差，常受外部环境影响出现大起大落。

第三节　黑龙江省对俄产业合作平台建设情况

一、境外经济贸易合作区（园区）

2017年底，中国在俄罗斯的境外园区有40多个，黑龙江省参与建设的占近一半。商务部和黑龙江省商务厅确认的黑龙江省在俄经贸合作园区已达16个，这些园区主要以农作物种植和木材加工为主，其他领域涉及较少，其中有5家被纳入俄跨越式发展区，俄方对这5家园区提供优惠政策。

在这16家境外园区中有资源利用型园区5个，分别是犹太自治州的俄罗斯龙跃经贸合作区、后贝加尔边疆区的俄罗斯北极星林业经贸合作区、阿穆尔州的阿州别列佐夫卡镇境外石化建材加工园区、克拉斯诺亚尔斯克边疆区的中俄坎斯克森林资源经贸合作区、哈巴罗夫斯克边疆区的俄罗斯常青工业园区；农业产业型园区7个，分别是滨海边疆区的华信中俄（滨海边疆区）现代农业产业合作区、滨海华宇经济贸易合作区、新友谊境外农业产业园区、华洋境外绿色农业园区、犹太自治州的俄罗斯春天农业合作区、阿穆尔工业综合园区、阿穆尔州的黑河北丰中俄阿穆尔农业（畜牧）产业园区；加工制造型园区2个，分别是滨海边疆区的俄罗斯乌苏里斯克经贸合作区、车里雅宾斯克州的俄罗斯车里雅宾斯克库娜萨克工业园区；商贸物流型园区1个，滨海边疆区的乌苏里大市场；科技研发型园区1家，滨海边疆区的乌苏里跃进园区。主要分布在哈巴罗夫斯克边疆区、后贝加尔边疆区、阿穆尔州、犹太州、克拉斯诺亚尔斯克边疆区、车里雅宾斯克、滨海边疆区。[1] 2017年底，我国对俄罗斯联邦投资流量15.5亿美元，累计存量达138.7亿美元。

截至2018年9月，经中华人民共和国商务部、财政部确认批准的黑龙

---

[1] 赵磊. 黑龙江省境外园区（俄罗斯）发展问题研究［J］. 知与行, 2018（7）: 111-118.

江省国家级境外园区已有中俄（滨海边疆区）现代农业经济合作区、俄罗斯龙跃林业经贸合作区、中俄乌苏里斯克经贸合作区、俄罗斯中俄托木斯克木材工贸合作区4家。目前，我国在境外的园区一共有20家，黑龙江省在俄的园区占1/5，是拥有境外园区最多的边疆省份。黑龙江对外开放程度越来越高，境外园区的搭建为中俄两国贸易合作提供了平台，也为贸易合作聚集和配置了先进生产要素。

（一）中俄（滨海边疆区）现代农业经济合作区[①]

2004年，黑龙江省东宁华信集团在俄罗斯滨海边疆区设立中俄合资阿尔玛达（ARMADA）公司，合作产业为现代农业产业，搭建现代农业产业园区。目前该项目已经被列入中俄地方合作十个重点项目之一，是我国"一带一路"规划中优先推进项目之一。2015年合作区被我国确认为第一个境外国家级农业产业园区。合作区位于欧亚大陆最东端，毗邻太平洋，气候温和，水量充沛，黑土土地资源丰富，土质肥沃，适合各种农作物的规模化种植。合作区拥有耕地面积680平方千米（102万亩），在滨海边疆区的米哈伊尔区、霍罗尔区、波格拉尼奇内等地设有14个种植区。按照"一区多园"的发展思路，规划建设了10个农产品生产、加工、仓储、物流园区。详见表4-3。合作区土质优良、光照充足、依山傍水，空气清新，生态环境很好，十分适合农作物生长。合作区主园区距离乌苏里斯克40千米，距中国东宁口岸90千米。合作区的铁路网络十分发达，有三处铁路货运站；公路方面与我国绥芬河、东宁、密山、虎林、珲春口岸相连通，十分便利；在海运方面，主园区东临日本海，货物可运送到日本、韩国等沿线沿海国家，还可以运送到我国南方沿海地区。合作区拥有大批现代农业机械和运输车辆，农业机械化率达100%，农作物种植效率较高，品质优良，广受市场欢迎。合作区综合发展养猪、养牛和奶牛饲养等养殖行业和粮食处理加工中心、万

[①] 资料来源：中国国际贸易促进会官网．境外经济贸易合作专题介绍——中俄（滨海边疆区）现代农业产业合作区（三）[EB/OL]．(2015-11-20). http://www.ccpit.org/Contents/Channel_3743/2015/1120/504473/content_504473.htm.

吨级油脂加工厂、大型饲料加工厂等加工工业，取得了良好收益。

表4-3 中俄（滨海边疆区）现代农业产业合作区各园区规划面积

序号	园区名称	园区规划面积（公顷）	备注
1	涅斯捷罗夫卡园区	30	—
2	波波夫卡园区	20	—
3	西瓦科夫卡园区	10	—
4	扎特科沃园区	15	—
5	卢奇基园区	10	—
6	斯捷布诺耶园区	16	—
7	阿布拉莫夫卡园区	60	主园区
8	俩里奇园区	15	—
9	杜宾斯克园区	15	—
10	史拉耶夫卡园区	16	—
	合计	207	其中新征购190公顷

资料来源：中国国际贸易促进委员会官网．境外经济贸易合作区专题介绍——中俄（滨海边疆区）现代农业产业合作区（一）[EB/OL]．(2015-11-20)．http：//www.ccpit.org/Contents/Channel_3743/2015/1120/504467/content_504467.htm．

（二）俄罗斯龙跃林业经贸合作区

俄罗斯龙跃林业经贸合作区[①]成立于2013年4月，是黑龙江省牡丹江龙跃经贸有限公司在俄罗斯犹太州的阿穆尔园区建设的林业资源综合经贸合作区。该合作区位于西伯利亚大铁路沿线，与黑龙江省最主要的边境口岸绥芬河、东宁、同江、抚远等相连接，拥有与西伯利亚大铁路连接的9.1千米自建铁路专用线，交通运输便利。合作区森林覆盖面积超过总面积的48%，木材蓄积量达210亿立方米。合作区总体规划建设面积9平方千米，合作区计划投资13亿美元，园区企业投产后年产值可达20亿美元。园区规划建设阿穆尔、帕斯科沃、丘谷耶夫卡、白桦镇、伊曼5个子园区。合作区计划引进中、外企业40余家，入区企业通过租赁、与俄方林业局合作、与俄方木

---

① 资料来源：牡丹江市龙跃经贸有限公司网站．http：//www.mdjly.cn/index.php.

材供应厂签订长期合同等方式获取俄罗斯林权,当前合作期可获得的木材年供应量为112万立方米,保证了园区生产所需要的原料,入驻企业年产值达20亿元,创造税收2亿元。合作区确立了以"搭建发展平台、嫁接生产要素、服务生产生活、经营资源资产"为主导的发展模式,采取"中中外、中外中、外中外"等形式,合作开发俄罗斯林木资源。5个主要园区的发展侧重各有不同。阿穆尔园区以精深加工木材为主,帕斯科沃园区、丘谷耶夫卡园区、白桦镇园区以木材初加工为主,伊曼园区主要以木材营销、集散和加工为主。园区近期以在俄罗斯进行林业采伐和粗加工,运回国内以精深加工为主。远期预计打造成以木材培育、采伐、加工为一体的生产模式,以木材展销、交易为主的销售模式,以跨境物流运输、内外互动的产业模式。合作区基于与天猫商城、京东商城的战略合作伙伴关系建立了木材产品销售网络平台,形成了较为完备的跨境电子销售和物流网络,实现了林产品面向中国、欧美各国的国际化营销。产业区依照惯例,在管理团队人员配置方面采用中外人员共同管理的模式,规范相关管理制度。

(三) 中俄乌苏里斯克经贸合作区

中俄乌苏里斯克经贸合作区[①]是首个由黑龙江省和外省企业共同合作投资实施的国家级对俄经贸合作区。该合作区的实施企业康吉国际投资有限公司是黑龙江省吉信工贸集团与温州企业浙江省康奈集团、温州华润公司一同创建的。合作区位于俄罗斯远东地区的滨海边疆区乌苏里斯克市,整体规划占地面积2.28平方千米,规划建筑面积116万平方米,合作区规划总投资约为20亿元人民币,包括国家和政府扶持资金2亿元人民币。合作区根据充分利用国际和国内两个市场、两种资源的基本原则,重点面向俄罗斯等独联体国家及欧洲市场,发展轻工产业、机电(家电、电子)产业、木业等,生产、加工、销售在温州地区具有生产商贸优势的服饰、家电、家居建材等产品到俄罗斯等独联体国家。合作区分别设有生产加工区、商务区、物流仓

---

① 资料来源:中国经济网.俄罗斯乌苏里斯克经贸合作区 [EB/OL]. (2015 – 11 – 23). http://intl.ce.cn/zhuanti/2015/jwjm/oz/201511/23/t20151123_7094755.shtml.

储区和生活服务区 4 个区域，预计将有 60 家企业进驻园区。截至 2014 年 5 月底，实际投资 1.66 亿美元。

（四）俄罗斯中俄托木斯克木材工贸合作区[①]

俄罗斯中俄托木斯克木材工贸合作区位于托木斯克州阿西诺市。2008 年，时任国家主席胡锦涛与时任俄罗斯总统梅德韦杰夫共同见证了俄罗斯中俄托木斯克木材工贸合作区的签约仪式，合作区项目是中俄两国政府批准的《中俄森林资源合作开发与利用总体规划》下的重点项目，是国家"一带一路"134 个优先发展项目之一，已成为中俄两国政府在资源、能源和经贸合作领域的典范工程。合作区建设由中航林业有限公司牵头建设实施，规划面积 6.95 平方千米。合作区水、电、汽、管道等基础设施建设完备，拥有配套的木材河运工程和 4 条铁路专线，与"连哈欧"班列相同，交通运输条件便捷。规划年采伐木材 450 万立方米，加工符合国际标准的板材、胶合板、密度板等各类木制品，目前已建成年产 20 万立方米的锯材生产线、年产 10 万立方米的旋切单板生产线、年产 0.7 万立方米的胶合板生产线和年产 20 万立方米的密度板生产线。合作区发展迅速，规模壮大，已成为我国境外最重要的木材供应基地之一。

总体来看，黑龙江省对俄边境地区已建立起一定数量的高质量境外产业园区，有效带动了中国对俄投资的发展。但在其发展过程中面临着部分园区法律风险突出、俄罗斯苛刻资源保护和外来务工准入条例限制等风险。

首先，在新远东超前发展区政策出台之前，俄罗斯本土有立法基础的产业园区极少，且集中在俄罗斯的欧洲部分。按照俄罗斯法律，只有经俄罗斯立法确认的产业园区才具有法律严肃性。当时的黑龙江省在俄远东地区设立的境外产业园区实为"自封"的园区，缺乏东道国法律依据，无法得到相应的法律保护。2015 年，俄在远东地区设立超前发展区和自由港，给予超前发展区、自由港园区和企业优于经济特区的优惠政策，但黑龙江对俄边境地

[①] 资料来源：中国商务部网站. http://www.mofcom.gov.cn/article/zt_jwjjmyhzq/.

区的境外经济合作区并未全部入驻超前发展区,很多企业也未能通过自由港的审批。根据黑龙江省商务厅数据显示,黑龙江省备案的16家境外经济合作区仅有5家进入超前发展区。根据俄塔斯社报道,截至2017年11月,符拉迪沃斯托克自由港在港企业实际投资远不及申请投资额的10%。这意味着,黑龙江省大部分在俄的境外园区和许多企业仍处于法律保护的真空状态下,在俄罗斯营商环境相对薄弱的远东地区,这些园区和企业的长远利益面临潜着法律风险。

其次,黑龙江省对俄建立境外园区多以俄罗斯的黑土地、森林和矿产资源为投资对象,体现为境外园区主力类型为资源利用型和农业产业型园区。由于开发资源有限,俄罗斯远东各联邦相继出台若干资源保护条例,这些条例规定很多都极为苛刻,一旦触犯就可能面临巨额罚款甚至吊销营业执照。俄罗斯总统普京执政以后,十分重视远东开发,并将其上升为国家战略。中国在农林资源开发方面有着成熟的技术,但俄罗斯远东地区却没有足够的劳动力,这就需要向俄罗斯输送大量的劳工,而俄罗斯在劳务引进方面出台的政策逐年严苛,2014年俄阿州限定国外劳工数量12 124人,比2013年的13 189人减少了4%,同时俄方继续在农林原开发领域、采矿业领域等方面实行零限额。2014年普京签署了新的法案,法案规定自2015年1月1日起,引入的国外劳工在申请劳工签证前(除俄方认可的高等专业人才)必须通过俄语、俄罗斯史、俄罗斯法律基础三门考试,这就大大缩小了引入的劳工所属地区的范围,使我国劳务人员很难赴俄工作。同时,也制约着两国农业合作项目的成功实施。[①] 俄塔斯社2018年12月10日报道,俄总理梅德韦杰夫宣布将2019年赴俄务工的外籍人员签证和劳动许可的数量缩减为14.46万人,比2018年减少了19%,且要求95%以上的外籍劳工具备高技能资格。

再其次,黑龙江对俄边境地区的农业境外园区和木材加工园区具备了一定的规模和影响,但高科技、石化等领域产业园区少之又少,规模也微乎其微。作为俄油、俄气重要运输通道省份,黑龙江省迄今还没有像木材园区、

---

① 韩宁. 新时期中俄经贸发展"喜"和"忧"——以黑河口岸为例 [J]. 黑龙江金融,2016(3):56-58.

农业园区那样创建较多的石化园区，名副其实的高科技园区更是基本空白，这与俄新远东开发开放对高新技术产业发展的需求很难匹配。

最后，黑龙江省在俄园区大部分知名度有限，一些国家级境外合作区的宣传和报道很难见到，资料和数据都难以获取，知名度较高的园区很少，媒体社交平台上的宣传基本空白，很大程度上给有意进驻园区的中方企业带来了阻碍。

二、边境经济合作区

中华人民共和国商务部批准的国家级边境经济合作区有16个，其中黑龙江省边境经济合作区为2个，分别是黑河边境经济合作区和绥芬河边境经济合作区。

（一）黑河边境经济合作区

1992年，黑河获批国家沿边首批开放城市并成立国家级经济合作区——黑河边境经济合作区。边境经济合作区实行管委会管理制度，由市政府派出机构——合作区管委会进行统一领导和管理。黑河边境经济合作原规划面积7.63平方千米。随着黑龙江大桥的建设，黑河市将新兴基础原材料加工区、西南工业区、吉斯达国际物流区、石化工业区、黑龙江大桥桥头区全部划归合作区管理，合作区面积已扩大到41.57平方千米。围绕对俄合作，以促进中俄产业互补、园区互动为重点，以产业链合作为突破，黑河边境经济合作区重点谋划了"基础设施、能源利用、俄电加工、电子商务、保税物流、机电制造、有机农业、木材加工、矿产利用、果蔬出口"等10个中俄跨境产业合作方向，加强对重点园区的建设和发展。

黑河合作区内的五秀山俄电加工区，占地1.8平方千米，享受优惠俄电的国家独有政策红利，依托每天30亿度的俄电资源建成了东北地区最大的、全国重要的硅基、硼基新材料生产基地。二公河对俄进出口加工区，面积3.1平方千米，机电汽车制造、国际物流、包装加工、有机化工、新型建材等产业已形成规模，是中俄边境线上利用两国资源和市场的重要进出口加工基地。中小企业创业中心，建筑面积7万平方米，科技型、创业型及中俄合作项目再次孵化、成长、壮大。在黑河跨境电子商务产业园区，建成区面积10万平方米，境内外设立12个分中心，边境仓、海外仓互通，国内外各类电子商务企业及关联企业100余家入驻，已形成"境内外互动"的发展格局。黑河保税物流中心（B型）项目是合作区新建的集保税物流、出口退税、转口贸易、增值服务等功能于一体的海关特殊监管场所，大大提高了通关效率，降低了成本。项目总投资3.8亿元，占地面积30万平方米，总建筑面积11.2万平方米。随着黑龙江大桥建成，黑河保税物流中心可承载100亿元以上的国际物流交易，增加税收收入3亿元，并有效带动黑河当地就业。此外，合作区还加强了黑龙江中首公司大宗商品交易中心、豆联网、中机网升级、跨境电商O2O批发交易平台、跨境机电和科技制造、龙江大化工、碳化硼、农林畜渔业合作、磷矿利用、果蔬出口仓储集散等项目的具体推进和扶持力度。围绕黑龙江大桥开发区建设，黑河经济开发区与俄方同步启动的桥头区开发建设将境内重点放在了黑河进出口加工产业园区和北安经济开发区建设上，截至2018年底，桥头区已经入驻企业达到133家。另外，黑河边境经济合作区还在加快与珠海合作共建"飞地园区"，即通过落实与高栏港经济区对口合作协议，共同发展"飞地经济"。

（二）绥芬河边境经济合作区

1992年，绥芬河边境经济合作区作为国家级边境合作区获批设立。合作区规划面积16.5平方千米，是哈牡绥东（哈尔滨—牡丹江—绥芬河—东宁）产业带上的重要节点园区。绥芬河边境经济合作区包括中俄龙江进出口加工产业园、中俄电子商务产业园、中俄国际现代物流产业园和国家木材储备加工交易示范基地4个部分。中俄龙江进出口加工产业园入园企业主要围绕轻纺、轻工、机电、通信、建材、食品、海产品等产品的加工生产；中俄电子商务产业园吸引中俄电子信息类企业，积极构建中俄间信息服务与软件、电子商务等互联网产业体系。目前，中俄云仓内的跨境电商交易平台、支付平台运转良好，为中俄跨境贸易提供了可靠的一体化保障；中俄国际现代物流产业园发挥绥芬河陆海联运大通道的优势构建中俄跨境物流体系。国家木材战略储备加工交易示范基地是俄罗斯的进口木材资源及产品储备的重要基地，拥有专用的铁路宽标轨和木材采伐、精深加工、仓储物流、交易等在内的众多企业集聚。2017年，合作区内已有入园木材加工企业65家，实现产值60亿元。其中，总投资40亿元的中林集团国林木业城是中俄林木合作标志性项目；投资14亿元的万泰木材产业园正在建设中。

三、绥芬河—东宁开发开放试验区

2016年，在绥芬河综合保税区的基础上，国务院正式批复设立黑龙江省"绥芬河—东宁"重点开发开放试验区。绥东试验区规划范围囊括绥芬河市全境和东宁市部分区域，规划面积1 284平方千米。绥东试验区拥有全省唯一的铁路口岸和全省最大的两个公路口岸，口岸过货能力达到3 970万吨，哈牡绥高铁全线开通，绥东机场已进入实质建设阶段，基本形成集铁路、公路、海运、航空一体的立体化交通格局。绥东试验区拥有综合保税区、卢布使用试点城市，中俄互市贸易中心，跨境贸易电子商务试点市，对俄投资贸易结算中心，对俄猪肉出口、粮食进口、食用水生动物及冰鲜水产品进口指定口岸，在俄公民入境免签，境外旅客购物离境退税，旅游示范区等能够推动边境城市发展的政策。境外有乌苏里斯克经贸合作区、华信中俄现代农业产业合作区两个国家级园区，纳入国家级境外园区规划的中鼎牧业中俄农牧业产业示范园区、鹏瑞木业产业园区、曲美中俄远东经贸合作园区，以及侨兴远东现代农业园区、中速申通国际物流园区、宇恒木业产业园区、华宇经贸合作区、华洋绿色农业园区5个省级境外园区。境内有一个国家级边境经济合作区、两个中俄互市贸易区，中俄绥——波跨境经济合作区建设，已编制完成具体规划和建设方案。

近年来，绥芬河相继获批支持贸易往来的国家政策，加上其具有物流优势，因此吸引了一批支柱龙头企业、五百强企业进驻绥东试验区。2017年，绥芬河和东宁两地推进实施500万元以上产业项目84个，推进千万元以上产业项目49个，规模以上企业达68个。2016年12月，绥芬河侨兴首次将在俄罗斯建立的农业产业园中生长成熟的粮食运回国内，"境外生产、境内加工"的跨境产业链已不再是设想，这一产业链模式的成功，带动了中鼎牧业、海吉美水产品、辛巴赫精酿啤酒等"一头在外""两头在外"一批企业。2017年边境经济合作区工业产值达51亿元。2017年综保区贸易额、过货量分别增长36%、193%，东宁市鑫源进口粮食物流加工园、佰盛和黑尊食用菌自动化生产基地、禄源酒业、期冰酒庄园项目在对俄经贸合作中都极具代表性。

绥东试验区是国家已批复的全国七个重点开发开放试验区之一，对于黑龙江省构建全方位开发开放新格局具有重要意义。但目前，绥东试验区的对俄经贸产业层次仍然较低。在出口方以轻工日用品为主，劳动密集型商品数量占比高、品类少、科技含量及附加值低、缺乏核心竞争力，极易受对俄贸易冷热形势影响，增长稳定性差。在进口方面，进口加工尚未形成支柱产业，进口商品过埠增值少，产品仅停留在初级加工层面。另外，绥东口岸基础设施功能还不完备。绥芬河口岸与俄罗斯格罗捷阔沃之间的26千米铁路套轨改造尚未启动，对应的俄波格拉尼奇内公路口岸改造进展缓慢，东宁口岸界河桥项目尚未与俄方签订建桥协议。口岸危化品经营资质和危化品办理站、小汽车自驾游、平行车进口等政策尚未实现更大突破，与满洲里、霍尔果斯、阿拉山口等沿边口岸差距进一步拉大。特别是同江铁路大桥、黑河公路大桥加快建设，项目完工后必将分流绥东试验区进出口资源。①

四、哈尔滨综合保税区

哈尔滨综合保税区2016年设立，位置选在黑龙江省哈尔滨市香坊区东部、对俄出口加工区内，与哈尔滨铁路集装箱中心站和哈尔滨内陆港相邻，

---

① 庄艳华，徐杰."绥东"试验区对俄经贸产业发展方向探析[J].商业经济，2019（1）：92-94.

保税区规划面积约 3.29 平方千米。预计需要分两期工程建设,哈尔滨综合保税区建设了 6 条成呈"二横三纵一环"的道路,长度约为 8.8 千米,占地总面积 17 万平方米。2018 年 6 月,哈尔滨综合保税区跨境电商仓库一期项正式启用。2018 年 7 月哈尔滨综合保税区列入国家增量配电业务试点名单。哈尔滨综保区(一期)具备保税加工、物流、服务及口岸通关等四个核基本功能,实行"境内关外"运作模式,由综合服务区、口岸作业区、保税加工区、保税物流区和商务配套区等五大功能区组成,是目前黑龙江省最开放、最便捷、最高效、最全面的开放区域。企业可通过综合服务区的通关服务中心完成海关查验、检疫等通关流程,无缝衔接地将货物直接从口岸作业区铁路运送到哈尔滨内陆港,实现"区港联动"。保税区注重加工贸易以及研发类的企业发展,不局限于园区之内,保税区外的企业也可参与进来,形成联动内外的产业链;保税物流区可为企业提供物流供应链服务。哈尔滨综保区实行"一区多园"发展模式,重点规划建设农业机械、医疗器械、电子商务 3 个专项产业园。截至 2018 年上半年,哈尔滨综合保税区已签约注册上海戊禾跨境电子商务、德国豪狮、中国医药、深圳普泰森手机检测等 61 家企业。保税区目前有重点推进项目 25 个,储备项目 33 个。[①]

总体来看,作为东北老工业基地的中心城市,哈尔滨在综合贸易方面的经验还显不足,贸易基础较为薄弱,第三方物流发展还相对滞后。物流企业业务结构单一,行业内部缺乏有体系有战略的结构化组织。哈尔滨综合保税区体制相对发达省份仍趋于保守、制度相对落后,综合保税区政策优势没有得到充分发挥。就目前状况来看,保税区没有标志性的特色产业,配套的优惠政策不够精准。综合保税区内通道和口岸基础设施、物流服务还不够完善,利用率低,产业不集中,对自身在国家战略布局中的定位还不是十分清晰,对国内外产业的吸引力和影响力还显薄弱。

---

① 凤凰黑龙江网.哈尔滨综合保税区打造"一区多园"新兴产业集群[EB/OL].(2018 - 07 - 12). http://wemedia.ifeng.com/68864697/wemedia.shtml.

五、哈尔滨新区

2015年底,国家批准建立国家级新区——哈尔滨新区,新区规划面积493平方千米,包括哈尔滨松北区、呼兰区和平房区的部分区域。哈尔滨新区是我国唯一的一家以对俄贸易合作为中心的国家级新区,力求建设成为以对俄经贸、促进东北经济增长、老工业基地转型、特色旅游为目标的新区。哈尔滨新区以"一江居中,两岸繁荣"为总体布局,将松花江北部地区作为发展核心区,在北部地区将科技创新作为发展重点,力争通过科技创新促进科技相关产业集聚,激发黑龙江省的教育科技资源优势和发展潜能,以此辐射呼兰区整体和哈尔滨周边市县部分区域。南部地区以哈南工业新城平房区部分为产业支撑区,充分发挥哈尔滨综合保税区、区港联动发展区政策优势,构建"一带、一核、三组团"协调发展新格局。产业发展重点方向是高端装备制造业、现代服务业等,全面提升对俄产业、经贸、科技合作层次。

2017年哈尔滨新区有504个项目复开工,超过亿元的141个,总投资额达到115.2亿元,地区生产总值达764.3亿元,较去年同期增长了7.6%。2018年2月18日,哈尔滨市长孙喆到新区调研时提出:"到2020年,新区地区生产总值要力争突破1 000亿元"。

第四节 黑龙江省与俄远东地区地缘经济关系分析

牛顿在研究天体之间的运动时提出了引力模型,并形成了物理学的基本常识,即物体之间的引力与物体间的质量成正比,而与距离成反比。经济地理研究中将引力模型借鉴于两地经济联系的相关研究,其公式为:

$$R_{ab} = G \frac{Q_a Q_b}{D_{ab}^k}$$

其中,R_{ab}是两地间的经济联系,Q_a、Q_b分别是a地和b地的质量,Q_{ab}是a地和b地的距离,k是距离摩擦系数。G和k可根据不同地区的实际情况进行取值，一般地，G = 1，k = 2。我们用 R_a 表示一个城市的经济联系总强度，其公式为：

$$R_a = \sum_{b=1}^{n} R_{ab}(a, b = 1, 2, 3, \cdots, n 且 a \neq j)$$

F_{ab} 表示经济联系的隶属度，表示城市 a 与城市 b 间的经济联系强度占城市 b 经济联系总量的比例，其公式为：

$$F_{ab} = \frac{R_{ab}}{R_b}$$

根据理论将引力模型运用于本问题分析的具体公式是：

$$R_{ab} = (\sqrt{P_a V_a} \times \sqrt{P_a V_b})/D_{ab}^2$$

$$F_{ab} = R_{ab} / \sum_{b=1}^{n} R_{ab}$$

其中，R_{ab} 为 a 国、b 国间的经济联系强度，R_{ab} 值越大，空间经济联系越强；P_a、P_b 为 a、b 两国总人口数，V_a、V_b 为 a、b 两国当年 GDP；D_{ab} 为 a、b 两国空间距离；F 为隶属度。

（一）指标选取与测算方法

在假设黑龙江省与远东地区满足引力模型前提假设，即产业结构、劳动分工、交通方式等要素条件相同的条件下，本书使用截面数据代入基本引力模型进行回归分析。选择黑龙江省与俄罗斯远东地区下辖的阿穆尔州、滨海边疆区、哈巴罗夫斯克边疆区、犹太自治州、萨哈林地区、萨哈共和国、马加丹、堪察加边区和楚科奇自治区 2008~2016 年年度数据作为回归分析的样本，黑龙江省人口数量和地区生产总值数据来源于 2017 年《中国统计年鉴》，俄罗斯远东 2008~2010 年 9 个行政区的人口数量和 GDP 数据来源于《俄罗斯统计年鉴》，2011~2016 年数据来源于"投资俄罗斯"网站数据库。黑龙江与俄罗斯远东 9 个行政区间的距离，采用黑龙江省哈尔滨市与俄上述各行政区首府之间的直线距离计算，并采用 WinGlobe 软件进行测度。GDP 数值单位采用卢布单位，2008~2009 年人民币兑卢布汇率经中国外汇交易中心美元兑人民币汇价和俄罗斯银行美元兑卢布汇价交叉计算得来，2010~2016年人民币兑卢布汇价数据来源于中国外汇交易中心详见表4-4和表4-5。

表4-4　　2008年~2016年黑龙江省地区生产总值及人民币兑卢布比价

名称	2008年	2009年	2010年	2011年	2012年	2013年	2014年	2015年	2016年
人民币兑卢布	6.2433	4.6504	4.6522	4.5451	4.9289	5.1812	6.2760	9.7372	10.0783
黑龙江地区生产总值（亿元人民币）	8 314.37	8 587.00	10 368.60	12 582.00	13 691.58	14 454.91	15 039.38	15 083.67	15 386.09

注：2008~2009年人民币兑卢布汇率经中国外汇交易中心美元兑人民币汇价和俄罗斯银行美元兑卢布汇价交叉计算得来，2010~2016年人民币兑卢布汇价数据来源于中国外汇交易中心。
资料来源：黑龙江省地区生产总值数据来源于《中国统计年鉴》。

表4-5　　俄罗斯远东9个行政区的人口数量和GDP数据

名称	年份	黑龙江省	阿穆尔州	滨海边疆区	哈巴罗夫斯克边疆区	犹太自治州	萨哈林地区	萨哈共和国	马加丹	堪察加边区	楚科奇自治区
人口（千人）	2008	38 250	864	1 988	1 402	185	514	950	163	344	50
	2009	38 250	861	1 982	1 400	185	511	945	161	342	49
	2010	38 330	828	1 953	1 343	176	497	958	157	322	50
	2011	38 340	821	1 956.4	1 344.2	176.6	495	956	155	320	51
	2012	38 340	816.9	1 947.2	1 342.1	172.7	493.2	955.6	152.3	320.6	50.8
	2013	38 350	811.3	1 938.5	1 339.9	170.4	491	954.8	150.3	319.9	50.5
	2014	38 330	807.9	1 925.6	1 335.2	169.3	490	949	149.4	317.2	50
	2015	38 120	809.9	1 933.3	1 338.3	168.4	488.4	956.9	148.1	317.2	50.5
	2016	37 990	809.9	1 933.3	1 338.3	168.4	488.4	956.9	148.1	317.2	50.5
GDP（亿卢布）	2008	51 909.1	131.6	316.6	269.2	23.9	333.6	309.5	42.1	77.9	30.6
	2009	39 933.0	151.2	369.0	276.9	25.3	392.4	328.2	47.9	94.6	45.1
	2010	48 234.7	179.5	464.3	351.3	32.5	492.7	384.7	58.2	101.7	42.0
	2011	57 186.4	223.7	546.6	401.46	36.7	596.3	480.0	75.1	112.75	44.7
	2012	67 484.4	250	577.4	436.38	41.11	643.4	540.0	87.4	127	44.8
	2013	74 893.8	261.3	603.1	474.85	42.52	251.7	640.3	95.1	135.87	54.5
	2014	94 665.1	235.4	643.5	549.3	41.7	793.5	660.2	97.0	145.4	56.6
	2015	146 872.7	276.9	716.7	571.5	448.7	829.3	750.0	124.6	171.9	63.9
	2016	155 065.3	287.6	736.9	637.7	46.9	767.8	868.6	146.9	198.1	66.2

续表

名称	年份	黑龙江省	阿穆尔州	滨海边疆区	哈巴罗夫斯克边疆区	犹太自治州	萨哈林地区	萨哈共和国	马加丹	堪察加边区	楚科奇自治区
与黑龙江距离（千米）		—	516	524	860	860	1 376	1 892	2 537	2 795	4 472

注：黑龙江与俄罗斯远东9个行政区间的距离，采用黑龙江省哈尔滨市与俄上述各行政区首府之间的直线距离计算，并采用 WinGlobe 软件进行测度．

资料来源：1. 黑龙江省人口数量和地区生产总值数据来源于2017年《中国统计年鉴》；2. 俄罗斯远东9个行政区的人口数量和GDP数据2008～2010年数据来源于《俄罗斯统计年鉴》，2011～2016年数据来源于"投资俄罗斯"网站数据库．

我们通过运用GDP的引力模型来计算出黑龙江省与俄远东各地区的经济联系强度值，将所得数值作为衡量两地区之间的经济联系强度大小的量化衡量指标，并进一步计算经济联系强度在全部数据中的占比，由此得出地区间经济联系的主要方向。由此可知，俄远东各地区与黑龙江省的经济联系强弱程度的排序依次为：滨海边疆区、阿穆尔州、哈巴边疆区、哈萨林地区、萨哈共和国、犹太自治州、堪察加边区、马加丹、楚科奇自治区。详见表4-6。

表4-6   黑龙江省与俄远东各地区的经济联系强度值

年份	强度值	与阿穆尔州	与滨海边疆区	与哈巴罗夫斯克边疆区	与犹太自治州	与萨哈林地区	与萨哈共和国	与马加丹	与堪察加边区	与楚科奇自治区
2008	R	17.855	40.688	11.692	1.2750	3.0785	2.114	0.1810	0.2955	0.0275
	F	0.2310	0.5290	0.1515	0.0164	0.0399	0.027	0.004	0.0039	0.0004
2009	R	19.490	44.815	12.110	1.3248	3.3832	2.226	0.195	0.3295	0.0337
	F	0.2342	0.5338	0.1452	0.0158	0.0405	0.027	0.002	0.0039	0.0004
2010	R	22.810	54.575	14.621	1.6120	4.1131	2.658	0.234	0.3655	0.0358
	F	0.2256	0.5405	0.1457	0.0159	0.0412	0.027	0.002	0.0036	0.0004
2012	R	29.036	67.955	17.998	1.9414	5.1824	3.422	0.301	0.4413	0.0432
	F	0.2320	0.5400	0.1422	0.0156	0.0480	0.026	0.002	0.0036	0.0003

续表

强度值 年份		与阿穆尔州	与滨海边疆区	与哈巴罗夫斯克边疆区	与犹太自治州	与萨哈林地区	与萨哈共和国	与马加丹	与堪察加边区	与楚科奇自治区
2013	R	17.885	46.690	12.877	1.1679	3.0799	2.145	0.182	0.3989	0.0266
	F	0.2320	0.5870	0.1590	0.0184	0.0310	0.030	0.003	0.0047	0.0004
2014	R	39.660	68.945	18.950	1.9930	4.1950	3.433	0.309	0.4802	0.0345
	F	0.2820	0.5080	0.1429	0.0158	0.0460	0.026	0.005	0.0065	0.0004
2015	R	44.120	69.890	19.998	2.0110	4.2346	3.458	0.365	0.4989	0.0369
	F	0.2966	0.5389	0.1470	0.0159	0.0480	0.027	0.006	0.0065	0.0004
2016	R	48.535	70.020	20.580	2.0988	4.3442	3.510	0.397	0.4998	0.0427
	F	0.3210	0.5930	0.1510	0.0161	0.0490	0.028	0.006	0.0067	0.0005

（二）地缘经济类型与产业合作导向

俄远东地区的滨海边疆区与黑龙江省属于强联系类型的空间经济联系关系，阿穆尔州和哈巴罗夫斯克边疆区作为与黑龙江省较强空间经济联系类型地区，以滨海边疆区为核心形成次区域经济合作的区位中心层。该中心层内黑龙江省与三个地区均有很强的经济联系，俄远东三个地区之间的相邻城市也彼此有较强的经济联系。萨哈共和国、犹太自治州和萨哈林州与黑龙江省的空间经济联系强度为一般联系型，马加丹州、堪察加边疆区、楚科奇自治区则为弱联系型。

位于俄远东地区东南部的滨海边疆区，自然资源丰富，有大量的木材、有色金属、矿产品、稀有金属、煤炭、水产品等，该地区是远东地区唯一一个粮食产量能自给自足的地区。同时，该地区有俄远东境内最繁忙的港口符拉迪沃斯托克港、纳霍德卡港和东方港，是远东地区与外界连接的桥梁。滨海边疆区有大型的造船、修船、军工产品基地，但轻工业落后，大部分民用商品需要进口。与之毗邻的黑龙江省作为中国的重要能源和粮食生产基地供给全国，油气、木材、矿产品、煤炭和水产品等需求旺盛，人口众多，有大量的剩余劳动力。黑龙江省与滨海边疆区在经济发展互补性方面具有突出优势。目前，黑龙江省与滨海边疆区具体的合作项目很多，双方地方政府间交流密切，地方经贸合作关系良好。

阿穆尔州位于俄罗斯的东南部，身处中国黑龙江省与俄犹太自治州之间，与黑龙江省有1 255千米的共同边界线，是与我国接壤边境线最长的俄罗斯地区。其首府布拉戈维申斯克是俄罗斯远东地区的第三大城市。该地区拥有丰富的林木、煤炭、金、银、铂等金属资源和稀土元素，包括铀和金刚石。阿穆尔州有连接黑龙江省的黑龙江公路铁路大桥，有基础设施相对完善的国际机场，有阿穆尔河、结雅河、布列亚河等多条连接东北地区的交通运输干线，已基本形成水、陆、空三位一体结合的交通运输网。黑龙江省与阿穆尔州共同建立了多条连接两地区的水路通道，未来两地的水路运输合作前景广阔，目前阿穆尔州已成为连接中国与俄远东地区的交通运输中枢地区，为俄远东地区与黑龙江省的区域经贸合作创造了必要条件。位于中心地带的黑河—布拉戈维申斯克黑龙江界河大桥即将通车，跨江空中索道正在建设中。双方在自然资源和工业方面也都体现出很强的互补性，如农业合作、林业开发、木材深加工合作、道桥建设、矿产资源开发、石油制品加工等。

哈巴罗夫斯克边疆区是俄远东地区林业资源最为丰富的地区，其首府哈巴罗夫斯克是俄远东联邦区的行政中心，距离中国边境仅30千米。该区是俄远东地区对外交通运输枢纽，与黑龙江省和吉林省的大部分口岸相连，有完善的水路、公路、铁路、航空运输网络。自20世纪80年代，中俄两国恢复边贸以来，黑龙江省和吉林省为哈巴罗夫斯克当地居民提供大部分日用消费品和食品货源。哈巴罗夫斯克是仅次于莫斯科、圣彼得堡的全俄第三大航空港，是远东最大的机器制造业中心。该边疆区拥有汽车制造和金属加工、黑色冶金、石油加工、建筑材料和建筑设备生产、轻工业和食品工业、捕鱼和鱼产品加工、发电等工业产业。在边疆区内，已勘测到大量的矿物原料储备，具有金、锡和煤的广阔开采前景以及发展木材采伐和加工、捕鱼和海产品加工的产业资源优势。

犹太自治州位于黑龙江北岸，其首府是比罗比詹，与阿穆尔州和哈巴罗夫斯克边疆区接壤，是俄罗斯唯一一个自治州。该地区同样拥有丰富的自然资源和能源。其中值得一提的是，矿业领域合作是俄远东地区与中国东北地区合作中最为密切的，这有助于在犹太自治州建立生产和交通运输基础设施项目并解决犹太自治州就业问题。

从黑龙江省与俄罗斯远东强经济联系型地区的现实情况看，在强联系框架下的强互补性下，黑龙江省与以上重点区域具备实现产业内紧密合作的条件，实现由产业间合作向产业内合作转型发展是黑龙江省对俄跨境产业体系发展的主要方向。

第五章

黑龙江省对俄跨境产业体系构建发展的原则、路径和着力点

第一节 黑龙江省对俄跨境产业体系构建发展的基本原则

一、产业引导发展原则

一个地区的产业体系发展，除受产业链的内生动力、市场导向性作用影响外，政府的政策诱导性对产业体系的发展也具有十分重要的作用。产业体系打造是典型的战略问题，跨镜产业体系构建必然涉及产业政策的制定和引导，黑龙江省对俄跨境产业体系的构建和发展要坚持政府引导产业发展的基本原则。市场交易型产业作为一种自组织产业链，它的链条一般较短，链接能力较弱，难以真正实现产业链的功能效应，是产业体系发展的低级阶段。黑龙江省的经济外向型程度低，对俄跨境产业的产业链或处于培育阶段，或处于"扎堆"的低级发展阶段，还基本处于自组织产业链状态。但自"一带一路"倡议实施以来，国家对外开放战略出现重大变化，我国的对外开放战略由"沿海局部开放"向"沿海—内陆—沿边全面开放"升级。40多年

的东南沿海地区"局部开放"政策对我国的产业布局和东西部阶梯式发展格局的形成起到了决定性作用。当前"全面开放"战略的转变也必将对我国未来产业布局和阶梯式发展的再平衡产生深刻影响。黑龙江省是国家全面开放布局中的"北向开放"桥头堡,"一带一路"、新东北振兴、俄远东开发开放、俄北极航线开发、沿边开发开放、兴边富民行动等一系列政策红利与巨大的外部市场和资源红利叠加使黑龙江省发展外向型经济面临千载难逢的历史机遇。开放战略升级既是我国区域经济均衡发展的要求,也是我国与全球产业链融合升级的要求。黑龙江省抓住历史机遇和对俄开放区位优势,将以对俄跨境产业体系构建为核心的开放型经济发展作为区域发展的重要引擎是具有重要战略意义的选择。因此,黑龙江省政府应该主动、积极推进目前自组织状态的对俄跨境产业体系向他组织产业体系升级。在自组织市场型产业链逐步形成,产业体系雏形出现之后,主动通过政策诱导,以规划引导的方式完成他组织产业链"自下而上"地再形成和再壮大过程。

打造对俄跨境产业体系是黑龙江省开放型经济新体系建设中增强竞争力的根本支撑。利用特殊区位优势,充分从中俄国家战略和区域发展战略中最大化受益,依托经贸大通道和境内外产业园区吸引承接产业转移,做大做强黑龙江省的跨境产业链体系是关系经济增长效益的核心问题。2017年,黑龙江省委省政府在2015年出台的《"中蒙俄经济走廊"黑龙江陆海丝绸之路经济带规划》总体布局基础上进一步提出"打造一个窗口、建设四个区"的发展战略,即把黑龙江省打造成我国向北开放重要窗口,着力建设黑龙江省(中俄)自由贸易区、延边重点开发开放区、跨境经济合作示范区、面向欧亚物流枢纽区。这一发展战略各要点的逻辑关系体现为将"一个窗口建设"作为黑龙江省和内蒙古北部沿边开放国家战略"将该地区建成全国对俄罗斯及东北亚沿边开放重要的桥头堡和枢纽站"目标实现的支撑,"四个区"的建设作为实现"一个窗口建设"的措施保障。"1+4"战略突出强调"重点突破带动整体推进"的发展思想,将"对俄跨境产业链"作为核心,按照"由点带面"的发展思路争取实现产业转型发展,尤其是对俄的全方位开放合作。但黑龙江省对俄跨境产业体系构建还缺乏系统性的方案设计,还只是停留在方向框架层面。据此，黑龙江省政府经在充分调研和论证基础上，学习广东、浙江、山东等地开放型经济体系建设和跨境产业体系构建的先进经验，"解放思想""提高认识"进行对俄跨境产业体系的顶层设计，将"开放强省"的发展理念纳入黑龙江省总体发展战略，以系统思维研究制定《黑龙江省开放型产业集群发展规划》，明确统筹发展、协调发展，联动发展的主要发展目标和方针、重点与配套措施，形成发展合力。

黑龙江省政府应从"一带一路"倡议、"俄远东开发开放"、"北极航线"开发、沿边开发开放战略、兴边富民行动等与新东北振兴对接视角，系统研究本省对俄为主，面向东北亚和整个亚欧市场的开放型产业集群发展的内外部环境与现实条件；应在充分梳理外向型经济发展总体情况的基础上，将黑龙江省外向型产业体系与东北其他省份、全国部分发达省份进行横向比较，明确其发展阶段与发展地位；应在黑龙江省总体产业布局和产业集群分析基础上，分别对在本省处于培育阶段、"扎堆"低级发展阶段、"结网"成熟阶段、"根植"高级阶段的代表性开放型产业及产业集群进行针对性策略设计；应围绕对俄跨境产业体系各产业链上产业结构的相关多样性、空间聚集状态、产业链分工、产业链治理模式进行具体规划；应围绕对俄跨境产业集群有效治理的配套措施，如物流枢纽中心建设、营商环境、投融资便利、硬件基础设施、信息、商业关系、技术等不同侧面和领域制定综合施策办法。

近年来，中央政府先后制定了与跨境产业链建设相关的一些战略规划，如《推动共丝绸之路经济带和21世纪海上丝绸之路的愿景与行动》《中非工业化伙伴计划》《关于非洲跨国跨区域基础设施合作行动计划》《建营一体化计划》等。黑龙江省政府应加强与相关国家部委的沟通和与国内各单位之间的协调，将黑龙江省对俄跨境产业体系构建与这些战略规划相融合。

2013年和2014年国务院先后出台支持企业"走出去"的金融政策，如《关于金融支持经济结构调整和转型升级的指导意见》和《金融支持企业走出去一揽子政策》，涉及简化审批手续、拓宽融资渠道和健全政策体系等三大方面内容。2015年，我国在对外投资领域推广实施"备案为主、核准为辅"的管理方式,除敏感国家(地区)和敏感行业外,一律改为备案制。该措施减少了环节,缩短了时间,大大提高了企业境外投资的便利化水平,这些政策要向涉俄中外企业广泛宣传。黑龙江省涉俄企业有"小、散、乱"的特点,政府应协调好各方力量出面进行有效协调、维护,避免境外投资领域和工程承包招投标、成套设备出口等领域的恶性竞争,按照规划保障产业体系发展中的正常经营竞争秩序。

政府应制定《黑龙江省境外投资产业指引目录》《黑龙江省产能富余行业"走出去"项目目录》等政策法规。借助投资促进机构对涉俄产业体系企业进行产业链与价值链培训,提高企业对产业链和价值链的认识和把握程度,提升企业设计、治理和管控产业链与价值链的水平。

二、政策红利最大化原则

机遇赢得先机,但思路才最终决定出路。黑龙江省长期受计划经济体制影响,思想观念封闭保守,缺乏市场经济意识、改革开放意识、竞争拼搏意识,习惯按部就班、自我封闭、画地为牢的工作和生活方式。黑龙江省发展对俄跨境产业体系面临"一带一路"框架下"中蒙俄经济走廊"战略、俄欧亚经济联盟战略远东开发开放战略、东北老工业基地振兴战略、沿边开发开放战略、兴边富民行动等一系列政策叠加的红利优势,但能否将这些政策红利带来的潜在机遇变为经济发展转型的实际效果,关键还要看能否深入挖掘政策红利叠加的关键点,通过制度创新,用活用好现有政策和争取到专门针对对俄跨境产业体系建设的相关配套优惠政策。

中俄经贸关系处于历史最好阶段,2018年中俄贸易额突破1 000亿美元大关后,中俄两国政府都对2020年贸易额翻番的目标踌躇满志。中俄产业投资与合作领域多元化、深入化、体系化正在进行时,此时的黑龙江省应该对国家对俄跨境产业体系构建的整体布局、自身所处位置、发展本省跨境产业体系的内外配套政策有清晰的认识和把握,不能"躺在好政策上睡大觉"。应以各种政策红利的最大外延和最多叠加为自身体系发展构建外延面和突破点，以敢为人先的制度创新精神，打破陈旧的思维模式，高度认识开放型经济体系构建对黑龙江省的重要战略意义。黑龙江省应将政策红利最大化作为基本原则，并将政策红利最大化落到实处。有利的政策与原有的思维模式、制度规定、固有的工作方式不一致的地方，要敢闯敢试进行突破和变革，把制度红利带给黑龙江省发展对俄跨境产业体系的动力活力最大限度激发出来。

俄罗斯为实现其在亚太地区新战略，需要借助我国实施东北老工业基地振兴战略之机推动远东地区的开发和经济社会发展；我国希望通过东北老工业基地振兴所提供的巨大市场，吸引俄远东地区丰富的自然资源和雄厚的科技实力，实现东北经济社会转型及成为全国重要经济支撑带。东北地区与俄远东地区开发具体合作项目已取得明显进展。中俄双方不仅启动了能源、矿产、航空、船舶、农林、港口建设等领域的一批重点投资合作项目，而且开始建设包括界河桥梁、跨江索道、公路口岸等在内的多条跨境通道合作项目。未来，东北地区与俄远东地区应基于"区域互补，协作共赢"的原则，在中央政府顶层设计下，在区域内部统筹规划和有机协调基础上，在更深层次展开两国区域间新的战略互动新内容。在寻找政策红利叠加点和寻求优惠政策所给予的政策创新外延的过程中，要注重与俄方地方政府的沟通，健全制度合作体系。有效的政策沟通和完善的开放合作机制，客观上可以起到一定的法律保障作用，能在市场主体进行贸易投资合作时有效降低成本。但是，由于中俄边境地区的政府层面沟通缺乏或者沟通不畅，政府间协调度不高，导致边境地区许多国家层面的合作协议不能落地。这使得中俄在原本就存在的政策和规章制度差异大的问题更加严重，造成两国在跨境经济合作区建设时的共识度低。因此，中俄两国地方政府可通过加强外交、商务、交通和信息产业等渠道沟通的机制和平台建设，提高在具体合作项目上合作制度的效率，积极召开各种类型的峰会、论坛，提高沟通频次，丰富沟通媒介，加强政府、民间团体、企业等多层次沟通，从多种渠道促成共识达成。

三、地缘产业链优先发展原则

黑龙江是我国与俄罗斯边界线最长的省份，在中俄地缘经济联系中占有重要地位。在地缘经济时代，中俄已经形成了通过发展边境相邻优势，共同促进彼此经济发展的广泛共识，也正在进行着利用各种经济手段促进中俄间的贸易、投资、区域合作及次区域合作的努力。前文的分析，充分说明了国家经济利益对于两国加强合作的重要推动作用，经济合作关系已成为两国关系重要的"稳定器"，未来两国间必将衍生出更加复杂紧密的地缘经济联系。作为地缘经济的重要特征，非对称的经济依赖关系是双方高度关注的敏感话题，即在双方的经济关系中，哪一方对已形成的地缘经济联系更加依赖，从而客观上实现一定程度控制或牵制合作伙伴。通过深入的经济竞争合作并利用资本、技术优势谋求对他国控制，以左右对方的国家关系、利益结构、政治体制和政策安排，保障自己长期、稳定地获取地缘政治和安全利益，这是地缘产业的活动目标之一。地缘产业是以服务国家地缘利益为最终目标的产业类型，能够延伸本国地缘影响力，创造对本国更加有利的地缘环境。地缘产业主导的跨国经济合作往往会使合作双方形成更加深入和紧密的合作关系，从而形成产业合作优势向地缘经济优势的转化。在中俄经贸合作不断升温的过程中，黑龙江省在"通道经济"或"产业经济"两种模式选择中，无疑更加倾向于产业经济型联系。这也是我国发展对俄地缘经济中更加积极的选择方向。黑龙江省作为对俄开放的前沿，发展对俄地缘产业具有先天优势，黑龙江应在利用自身资源优势的基础上，优先确定符合国家整体对俄地缘产业布局的产业链进行发展，从国家战略层面积极争取国家支持和指导，进行长期地谋划和布局。

在对俄产业选择上，俄罗斯对我国原材料控制的动机比较鲜明，而我国具有通过市场控制和资本控制的倾向，双方各有技术领先优势，通过技术深入施加影响是双方最为关注的领域。分离的所有权和经营权主体、跨国的经济行为以及两国政府的深入参与和干预，决定了地缘产业运作的复杂性。俄罗斯是资源大国和军事强国，我国与俄罗斯重点发展的地缘产业包括石化产业、渔业、木材加工业产业、轻工业和机械产业、电子产业、军工产业、金融产业、航天航空、信息通信等。

四、双方互利共赢原则

互利共赢是凝聚合作最大的动力。2018年11月习近平主席在20国集团领导人第十三次峰会上发表重要讲话："无论前途是晴是雨，携手合作、互利共赢是唯一正确选择"，他的讲话指明了中俄跨境产业合作发展应坚持的基本原则。在黑龙江省对俄跨境产业体系构建的过程中，我们不单要深入分析自身的发展条件与目标定位，还要深入研究合作伙伴的利益诉求和决策约束。在处理国际关系时必须摒弃过时的零和思维，提倡"一带一路"倡议背景下，中国的新时代国际交往义利观，做到义利兼顾，实现合作共赢。

使合作伙伴间具有共同愿景是推动合作伙伴间加强合作的重要驱动力。共同愿景使合作伙伴在合作目标上易达成共识，从而协调其相互之间的动态适应。在构建跨境产业体系的过程中，与俄方就这一目标达成广泛共识，形成共同愿景非常重要。俄方认识到跨境产业体系对增加自身价值和开拓双方共同市场的重要意义后，会更加有意识地进行协调配合，使合作成功。

俄罗斯的工业制造业的特点是军事工业发达，科技基础雄厚，在核工业、石油、天然气、煤炭、化工、航空航天等产业具有国际领先的发展水平，但俄罗斯的轻工业，如轻纺、家电、食品等制造业非常落后，中俄之间的产业合作应基于产业优势互补的基本原则，满足双方产业结构升级的诉求，重点推进中俄双方制造业在全球价值链国际分工体系通过合作可以取得更多的竞争优势。从全球价值链视角，通过中俄产业状况的比较可以发现，中国在食品、电气和光学设备、交通运输设备制造业及轻工等领域具有比较优势；俄罗斯在木材、化学和非金属矿物制品业、金属制品等领域具有比较优势。结合中俄制造业领域各自的比较优势和产业基础，中俄可以通过制造业转移和承接，加强双方的产业合作。

五、绿色、可持续发展原则

在中俄产业合作的过程中，俄罗斯国内始终十分关注中俄产业合作对俄罗斯生态环境等环保领域带来的影响。早前，中俄两国签署在俄远东建厂的合作谅解备忘录时，对于中方提出的 12 个优先合作行业，部分俄罗斯官员和学者就提出质疑，认为中俄产业合作会污染远东地区生态环境，而且可能挤压当地产业发展机会。俄罗斯在积极引进外资政策的远东超前发展区和符拉迪沃斯托克自由港对投资者给予大幅的税收优惠和行政特惠，但始终坚持严格的环保标准。俄罗斯关注产业环保问题的理念和做法值得我们学习和借鉴。构建中俄跨境产业体系要同时兼顾产业合作对中俄边境地区自然环境和生态环境的影响，两国产业合作应坚持绿色、可持续原则。

生态文明建设是中国统筹"五位一体"总体布局的重要内容之一，"一带一路"倡议，其动力源于沿线国家在装备、技术、资金等需求有效地与中国产能优势对接，没有需求为前提，就无法出现当下"一带一路"合作共赢的繁荣局面。中俄产业合作也是双方产业优势与需求互补的过程，双方对生态环保的重视是一致的。中俄合作一直十分注重环保领域的交流与合作，已经建立起了一套较为系统的环保合作体系。2005 年，在中俄总理定期会晤委员会下成立了环保合作分委会，之后双方紧密围绕跨界水体水质监测与保护、污染防治与环境灾害应急、跨界自然保护区和生物多样性保护三大核心领域开展务实合作。同时，2017 年正式启动了固废处理合作新内容，积极推动绿色技术、绿色金融与环保产业合作。

黑龙江省在中俄产业环保合作方面一直是积极的重要参与者。1998 年 5 月，黑龙江省成立了中俄联合工作小组，与俄哈巴罗夫斯克边疆区建立了黑龙江、乌苏里江生态资源、渔业和环境保护的沟通联系渠道，形成了地方常态化合作机制，在水质监测、环境应急等多领域开展了交流合作。黑龙江省哈尔滨市还建立"中俄环保技术与产业合作示范基地"，并通过定期召开研讨会等方式促进彼此交流与合作。黑龙江省对界江黑龙江水体的保护十分重视，为治理黑龙江最大支流松花江水体，黑龙江省严格制定、执行松花江流域水污染防治规划，许多沿岸污染企业被关停，中俄双方定期进行黑龙江水质联合监测，并取得相关水域环境的明显改善。

作为生态大省，黑龙江在经济振兴发展的同时，也担负着保障国家生态战略安全的重要责任。未来，黑龙江省建立对俄跨径产业体系的过程中，应该在产业选择上更加关注电信、造船、军工、航天航空等高科技领域产业和绿色农业产业的合作，将扩大传统优势资源产业合作与俄罗斯更加关注的出口导向型高科技产业培育的发展目标相结合，将中俄产业合作扎实深化，使双方经贸合作的结构更加优化。

第二节 黑龙江省对俄跨境产业体系构建发展的路径

产业体系是指产业链内企业间的组织关系。这种关系一般可分为市场交易关系、契约关系、产权关系、纵向一体化关系。产业体系的组织系统既非纯企业也非纯市场，具有"有组织的市场"和"有市场的组织"双重属性。因此，可以通过产业体系的构建弥补市场分工的不完备性和契约的不完善性，可以将市场不可能专业化和单个企业无力一体化的经济活动纳入高度专业化的分工协作体系中。产业体系内的企业通过形成纵向协作的、资源可以优势互补的生产联合体来提高生产效率；通过体系内企业间较低的交易费用成本实现了较高的交易市场化程度，从而提高交易效率。

对俄跨境产业体系是黑龙江省开放型经济新体系建设中增强竞争力的根本支撑。借鉴国际、国内开放型产业集群演化形成模式，根据"增长极"理论、"点—轴"开发理论、产业集群与城市协同演化理论，黑龙江省应以哈尔滨为核心，以哈长城市群节点城市沿线为干线，延伸至沿边自贸区、综保区、开发开放试验区、跨境经济合作区、境外经济合作区，形成星型放射状外向型产业集群，打造"两核双向驱动，四带贯通发展"的外向型产业空间布局。

一、实施"增长极—发展轴—网络化"的产业演进路径

点、线、网络和域面是构成区域空间结构的四个基本要素,域面状的演进是点、线、网络多种力量交互作用的结果。黑龙江省对俄跨境产业体系的构建可针对不同类型产业形成不同策略,但在形成的过程中都应注重"增长极—发展轴—网络化"的演进节奏。对以服务"中蒙俄经济走廊"、开发俄远东和打造"北极航线"提供产品与服务的供给为主线的矿产能源经济、装备工业等传统产业可重点依托大型项目,通过与央企、外资合作形成点—轴扩散;对文旅、智能物联、新能源、精细化工和新材料、生物医药等新产业可以以开发国内外市场需求为导向,依托"飞地经济"实现"双向开放"模式下的产业链嵌入式发展。对国际、国内转移产业,根据产业内分工互补性、优势产业关联性、产业辐射带动性、产业空间聚集融合度等情况的不同,应注重生产与市场的整体承接。

从某一具体产业的整体布局出发来看,就是以一个或多个区位条件和生产要素资源条件相对优越的产业核心聚集区、核心城市为中心,依托核心城市或产业聚集核心区域的交通网络形成各子区域联系的通道和主动力,进而形成由城市群、城市圈或较大范围经济区的面状结构。在"增长极—发展轴—网络化"的产业演进路径下,核心城市或聚集核心区的点与点之间在初始阶段通常需要资源要素的集中配置,当区域经济核心节点的不断集聚产生集聚不经济时,扩散效应会相应增加,节点间的人流、物流、资金流、信息流、能量流扩散交融,并按照沿交通干线辐射的空间规律进行扩散,在其辐射效应不断加强后才能够产生对其产业配套产能的吸引,从而产生轴带功能对整个区域经济发挥牵动作用的机制。比如,在中俄都高度重视的石化加工产业集群建设上,可通过在大庆推进石化重点产业园区建设的方式形成开采加工核心城市,上游产业可充分利用俄罗斯石油、天然气资源,境外与沿"东西伯利亚—太平洋"原油管道建立的俄罗斯石油天然气化工综合体连接,直通萨哈林大陆架获得俄罗斯雅库特天然气,境内推进中俄原油管道二线工

程和中俄东线天然气管道北段项目（黑河—长岭）建设，加快建设向省内东部延伸的干线管网，实现哈尔滨、大庆、齐齐哈尔、牡丹江、佳木斯等省级干线管网互联互通。下游发展石油化工下游的合成树脂、合成橡胶、合成纤维、有机化工材料等产品，建成大庆、哈尔滨、牡丹江等石油化工产业基地。同时也可以加强与俄罗斯油气勘探、开采、设备制造、深加工等方面的上下游一体化合作，形成境内外交织的石化产业网状结构。

中俄产业合作具备要素禀赋差异、工业产品互补等经济合作基础，拥有产业合作的可能性和潜力空间。但中俄之间的产业合作，从长远来看，不能仅局限于能源和矿业领域，还应延展至制造业、高新技术领域。俄远东发展战略明确提出在创新工业基础上建立宇航、航空制造、造船和汽车制造业等远东高新技术产业集群的目标。因此，黑龙江对俄跨境产业体系的建设除优先发展双方具有传统优势的能源加工、农业等产业外，也要注重未来战略性产业，如包含汽车、航空航天、船舶等在内的高端装备制造业和以新材料和生物制造等为代表的高科技产业的合作发展。当然，俄远东地区及黑龙江省本身在高新技术和新兴产业领域基础薄弱是不容忽视的现实情况，因此，当前的产业合作模式只能以低层次的产业（产品）间互补型和资源互补型合作模式为主，在其制造业发展到一定程度后，再利用中国的全球价值链在位优势和"世界工厂"地位，通过制造业产业转移和承接，展开高端科技型产业的合作。

二、形成"双核双向驱动，四带贯通发展"的产业空间布局

在空间布局方面，按照"建设一个窗口，打造四个区"[①]的发展定位，加快"两核双向驱动，四带贯通发展"的开放型产业聚集带建设。

"双核"主要是指依托哈长城市群建设形成以哈尔滨为中心的"内核"和依托自贸区、沿边重点开发开放试验区、跨境经济合作示范区建设，打造

---

① 注："建设一个窗口、打造四个区"的发展战略，即把黑龙江省建设成我国向北开放重要窗口（一个窗口），着力打造黑龙江省（中俄）自由贸易区、延边重点开发开放区、跨境经济合作示范区、面向欧亚物流枢纽区（建设四个区）。

中俄沿边绥芬河、黑河等为中心城市的"外核"。"双向"是实现黑龙江省国内开放和国际开放的双向开放贯通发展格局。"四带"是指沿"双核"运输通道贯通干线吸引生产要素集聚，重点增加"哈大齐（哈尔滨—大庆—齐齐哈尔）、哈佳双同（哈尔滨—佳木斯—双鸭山—同江）、哈牡绥东（哈尔滨—牡丹江—绥芬河—东宁）、哈绥北黑（哈尔滨—绥化—北安—黑河）"四条产业聚集带的外向度和重点产业主导度，实现经济走廊与工业园区相呼应的"点—线—面"结合型产业链体系，实现黑龙江省内外联合、双向驱动的外向经济产业整体布局。

黑龙江省围绕传统产业、新兴产业、承接转移产业三个维度，应采取"集群化发展，培植区域特色经济"的思路，按照"龙头企业"拉动、配套企业跟进、产业集群发展的发展要求，积极实施集群化战略，积极实施产业链招商，着力引进大项目，带动上下游配套项目发展，拉长产业链，促进产业集聚。利用现有中俄间在建或以开工的大项目布局，按照"龙头项目—产业链—产业集群—产业基地"的发展思路，充分发挥龙头企业的规模和技术优势，将其生产经营领域向上下游的产业延伸，培养自己的产业链条和产业体系。同时，给现有的产业合作平台园区"补链"招商，积极进行生态产业链建设，发展循环经济，建设循环经济产业链。重点培育矿产采掘业、装备制造业、石油化工业、农业与绿色食品、林产品加工、现代服务业等多个跨境产业聚集区，打造开对俄跨境产业体系。

以哈尔滨都市圈为核心，依托哈尔滨新区、综合保税区、国际航空港等建设发展国际物流、高新技术、国际商务会展、旅游等高端服务业，加快建设高端装备、新材料产业核心区的建设，大力发展现代医药、新能源、生物产业等新兴产业，建成对俄合作中心城市和东北亚合作国际核心城市。建设以哈尔滨为增长核心，大庆和齐齐哈尔为区域次核心，延伸至肇东、安达等的哈大齐高新技术产业聚集区，大力发展经济区域的新材料、新能源装备制造、新型农机装备制造、交通运输装备制造、俄油气资源加工等产业，着重突出哈大齐产业聚集区技术先进的新型产业基地特点和优势。建设以牡丹江、绥芬河、东宁等城市为核心区，包含阿城、尚志、五常、海林、宁安等地的哈牡绥东产业聚集带。经济区域内重点发展木材加工、绿色食品、建材、机电、电子信息、旅游会展等产业，着重突出哈牡绥东产业聚集带物流集散中心地位进出口加工基地特色。建设以佳木斯、双鸭山、同江等城市为重要节点，包含宾县、方正、依兰、桦川、集贤、富锦等经济区域的哈佳双同产业聚集带，经济区域内重点发展新材料、绿色食品等产业，突出进出口加工基地和国际物流枢纽作用。建设绥化、北安、黑河等城市为核心，包含绥棱、海伦、五大连池、孙吴等经济区域的哈绥北黑产业聚集带，经济区域重点发展绿色食品、轻纺、新型建材等产业，充分利用俄电资源建设新兴基础原材料加工区石油化工综合体和对俄旅游休闲聚集地。加强省内四大产业聚集带向沿边城市的延伸，以及以沿边城市为连接点与俄罗斯境外产业园区的协调和配合，形成"一核四带"与沿边和境外的"环、外"一体化系统，构建具有境内外有机联系的黑龙江省对俄跨境产业体系。

三、推进俄远东—俄中部—俄欧洲的方向延伸

随着俄速通、东宁达俄通、绥易通、俄品多等一批本土跨境电商平台兴起，黑龙江省电商企业已经在莫斯科、克拉斯诺亚尔斯克、车里雅宾斯克、新西伯利亚、后贝加尔斯克、叶卡捷琳堡等多地建设了海外仓，海外仓的总仓储面积不断攀升。以对俄合作中心城市哈尔滨为例，自从2013年"俄速通"在哈尔滨、绥芬河设立航空通道边境仓以来，哈尔滨成为全国第一个开通对俄航空包机货运专线的城市。由于对俄优越的区位和物流条件，俄罗斯消费者完成网上交易后最快只需5小时货物就能达到俄罗斯境内。哈尔滨—叶卡捷琳堡货运包机、哈尔滨—新西伯利亚、哈尔滨—叶卡捷琳堡客货混载线路成熟运营。截至2018年8月21日，哈尔滨对俄货运包机已经累计发运479个航班，货运量9 911吨，货值约9.58亿元，哈尔滨已连续多年成为国内对俄出口电商包裹量最多和跨境零售出口额最大的城市。[①]加密哈欧、哈

[①] 资料来源：哈尔滨市人民政府网站. 每天20吨包裹从冰城发往俄罗斯［EB/OL］.（2018-12-01）. http://www.harbin.gov.cn/art/2018/12/1/art_98_591698.html.

俄货运班列班次，通过绥芬河、黑河发寄对俄国际包裹，哈欧班列全年发运101班列，哈俄班列已实现"周周发"常态化运营。黑龙江虽然与俄罗斯地广人稀的远东地区接壤，但俄罗斯电商规模在全球排行第13位，俄罗斯的电商交易产品90%以上是中国产品。① 由于中俄两国跨境电商的快速发展，让黑龙江可能将对俄合作由与毗邻地区向与俄中部和欧洲部分合作延伸。俄罗斯轻工业不发达，很多居民日常生活用品都严重依赖进口，对电子产品和大家电等需求较高。对于进入俄罗斯市场的跨境出口B2B电商卖家来说，不难找到销路。

俄远东地区人口稀少，市场规模相对较小。黑龙江省对俄跨境产业体系在构建发展的过程中，应积极开拓俄罗斯西部欧洲市场，将俄欧洲部分作为主要产品销售目的地，基于价值上的关联性，形成对俄跨境产业链，最大程度发挥协同效应，最大可能实现产业与市场联动。俄罗斯西部地区，即乌拉尔山脉以西的地方，人口密集，地势平坦，靠近欧洲国家，是俄罗斯中心市场所在地，交通网络相对发达。黑龙江省对俄跨境产业体系的发展应兼顾近期、中期、远期不同阶段的定位和目标，加强在俄远东地区布局的同时，必须将市场触角伸向俄罗斯西部的欧洲地区。考虑俄西部欧洲市场的需求，将远东地区产业的生产积极与西部需求相对接，既减少贸易摩擦又满足俄进口替代和改善贸易支出的要求。

如中国长城汽车公司，2016年1月长城汽车宣布在俄罗斯图拉州乌兹洛瓦亚工业园区投资建设整车生产基地，图拉长城汽车工厂在2019年正式建成投产哈弗SUV和皮卡，以及电动车欧拉，长城在俄罗斯的工厂将从零开始生产自主设计的汽车，而非像其他海外工厂一样仅仅组装汽车。该工厂的投资从预计的2亿美元增长至5亿美元，并采用独资经营的方式，投产后年产量将达15万辆整车。这座工厂是长城汽车乃至中国汽车品牌在海外的首个四大全工艺独资制造工厂，它将成为中国汽车扩大俄罗斯、欧洲业务的桥头堡。哈弗品牌的新车将从这里走向整个俄罗斯和欧洲市场，并与北京吉普

---

① 资料来源：哈尔滨市人民政府网站．每天20吨包裹从冰城发往俄罗斯［EB/OL］.（2018 - 12 -01）. http：//www. harbin. gov. cn/art/2018/12/1/art_98_591698. html.

汽车有限公司（JEEP）、北京现代汽车有限公司、丰田汽车公司、日产汽车公司等品牌展开竞争。图拉长城汽车工厂采取为国产汽车做代工的方式降低在俄罗斯生产的成本，减少资源的浪费，也有利于中国汽车生产产业整体的抱团发展，可以说是一举两得之举。俄方认为图拉工厂将给当地带来大量就业，拉动经济发展，具有良好的经济和社会效益。[①]

四、有节奏推进内外双向开放配合

地区开放的表现形式是多种多样的，除了传统的加强陆海空立体交通基础设施新建、改建降低地区间交通运输成本外，提高区域间政策和市场的整合程度也是地区开放的重要表现形式之一。作为对外合作，黑龙江省与俄罗斯的开放性加强，在交通等基础设施互联互通等硬件方面的改善特征更加明显。

中共第十九次全国代表大会以来，按照党中央、国务院关于推进实施新一轮东北地区等老工业基地振兴战略的总体部署，国务院明确东北地区与东部地区部分省市对口合作的具体方案，建立了黑龙江省与广东省对口合作机制。2018年3月国务院公布的《黑龙江省与广东省对口合作实施方案》明确提出，到2020年，两省对口合作取得重要实质性成果，建立起横向联动、纵向衔接、定期会商、运转高效的工作机制，构建政府、企业、研究机构和其他社会力量广泛参与的多层次、宽范围、广领域的合作体系，在黑龙江省加快推广一批广东省行之有效的改革创新举措，共建一批产业合作园区等重大合作平台，建设一批标志性跨区域合作项目，形成一套相对完整的对口合作政策体系和保障措施。黑龙江省作为原来距离国内经济发达腹地较远的落后封闭地区，在东北地区与东部地区对口合作框架下，对国内开放型发达地区的人流、物流、资金流和信息流流动性由于制度创新原因而显著加强。作为远离国内中心市场的边境省份，黑龙江

[①] 资料来源：搜狐新闻. 哈弗 F7 充当先锋 长城国际化俄罗斯打头阵 [EB/OL]. (2018-09-30). https://www.sohu.com/a/251571980_122031.

跨境产业体系构建发展处于对外开放与对内开放同时双向推进的过程中，内外双向开放的异质性对产业发展会产生什么样的影响是值得关注的重要问题。如在要素流动性便利加强的背景下，要素向发达的开放地区加速流动是否会导致对外开放面临较强的中心市场引力，反而弱化向外开放合作动力。因此，黑龙江省对俄跨境产业体系建设要充分利用黑龙江省对外开放和对内开放在拓展俄罗斯对俄经贸合作方面的合力，加强与广东省在发电装备、交通运输装备、农机装备、石油钻探装备等优势产品的生产、技术合作和外销方面与黑龙江企业合作；引导广东省企业到黑龙江投资建设的俄罗斯境外经贸合作园区建厂，引导广东省企业参与远东跨越式发展区和符拉迪沃斯托克自由港建设；邀请广东省作为主宾省，积极推动广东省企业参加黑龙江举办的中国—俄罗斯博览会；引导黑龙江省企业与中国（广东）自由贸易试验区平行进口汽车企业进行交流与合作；推动黑龙江省和广东省海关部门签署通关一体化合作方案，实现两地企业属地报关报检、口岸直接放行的便利化通关。

围绕黑龙江省优先发展的对俄装备制造跨境产业体系相关领域，推动黑龙江省装备制造优势产能与广东省进行对接，形成黑龙江省装备制造业与珠江西岸先进装备制造产业带的良性互动发展，使黑龙江的中俄跨境装备制造产品能够产用结合、产需对接，完成产业链上下游的深入整合。围绕黑龙江新材料、精细化工、航天航空、新能源、机器人等高新技术合作领域与广东省战略性新兴产业对接，引导广东省制造业企业在黑龙江省设立研发制造基地，在黑龙江省培育形成一批新兴产业集群，形成两省在高新技术及新兴产业领域的协同放大效应。引导广东省工业设计企业与黑龙江省制造企业合作，提升黑龙江制造业的设计水平和品牌形象。推动"龙粮入粤"和两省农业和绿色食品长期产销对接关系，加强在广东省为黑龙江引资的力度，加强黑龙江与俄罗斯粮食、绿色食品的宣传，强化两省在粮食生产、精深加工、绿色食品产业发展方面深度合作。加快推进黑龙江省学习广东省管理、体制、创新等方面经验的交流机制建设，推进两省共建对口合作示范园区，鼓励"飞地经济"，吸引优势产业集聚。

五、"通道—产业"与"园区—产业"产业聚集策略结合

境外经贸合作区、科技园区、工业园区和产能合作园区等是中国境外企业的聚集地，是企业集群式"走出去"的有效方式，也是跨境产业链建设的重要载体和有机组成部分。黑龙江省可以充分利用与广东省对口产业承接与产业升级资源优势，在现有的黑龙江省参与建设的16个俄境外园区基础上，联合与重点培育产业集群关联性强的广东省企业向俄欧洲地区延伸境外产业园区布局。与俄罗斯远东地方及向西延伸通道的主要节点城市和港口积极展开合作，共同培育特色产业集群，变区域分散、单一的产业发展格局为集群化发展格局，并逐步形成互补性强、特色显著、布局合理的产业体系。在现有以农作物种植和木材加工园区为主的园区布局基础上，增加能源加工类、装备制造类和高新技术类产业园区的布局。在"园区—产业"为重点的跨境产业聚集策略推进的同时，将"双核四带"紧密结合，形成以哈尔滨为核心，以哈大齐（哈尔滨—大庆—齐齐哈尔）、哈佳双同（哈尔滨—佳木斯—双鸭山—同江）、哈牡绥东（哈尔滨—牡丹江—绥芬河—东宁）以及哈绥北黑（哈尔滨—绥化—北安—黑河）四条产业聚集带为主体的"通道—产业"聚集模式，通过绥芬河、黑河等重要沿边市、县、镇连接境内外主要园区和运输通道干线沿线产业聚集带，吸引生产要素向通道沿线聚集，构筑区域经济新的增长极，实现经济走廊与工业园区相结合，打造特色产业带和经济带。

要积极主动地打造"四大示范区"，建设四大基地。第一是在黑龙江省境外农业合作，尤其是绿色食品加工，在俄罗斯边疆地区建设中俄农业合作示范区。第二是推动我国与俄罗斯的能源合作，由以能源贸易为主向能源产业全面合作转变。通过将我国一些油气企业的生产设备、化工产业和能源产品订单转移到俄远东地区，推动中俄跨境地区油气炼化产业的发展。利用俄罗斯的能源，在乌苏里斯克来建设中俄能源加工合作示范区，既能在乌苏里斯克加工俄罗斯远东能源，也能够使用俄罗斯电力项目，加快"气化龙江"工程，有序发展气热电联产，培育传统能源与新能源融合发展。第三是建立

高端装备制造合作研发生产合作示范区,加强与俄罗斯在铁路、船舶、航空、农机等领域的联合研发和产业合作;第四是要逐渐加深跟俄罗斯之间的科技合作,可以在黑龙江省哈尔滨市和俄罗斯符拉迪沃斯托克建立中俄高新技术示范区,大力发展新一代信息技术、新材料、新能源、生物、节能环保等高技术产业;推进中俄之间的科技成果转化及其应用。注重高端技术的引进、消化、吸收和再创新,搭建辐射全国的对俄科技合作平台,通过建立中俄航天工业研发中心、医用激光工程推广中心、国际农业与食品工业研发中心、国际机器人研发与示范中心等,打造以哈尔滨为核心的中俄联合研究平台和中俄外向型高端科技产业集聚区。

第三节 黑龙江省对俄跨境产业体系构建发展的产业—项目着力点

一、能源加工产业集群

在国家的总体布局下,黑龙江省对俄能源合作不断加强。截至2018年2月,中俄原油管道累计进口原油11 495万吨[1],中俄东线天然气管道黑河过境段控制性工程和五大连池试验段开工建设。截至2018年4月1日,中俄联网黑河"背靠背"直流输电系统投入运行,完成购俄电248.73亿千瓦时。[2] 能源资源只有通过勘探、开发、生产、加工等环节才能产生经济效益,能源技术水平对能源合作的发展方向有重大影响。黑龙江省能源行业经过多年的发展已经形成了比较完善的能源生产与加工技术体系,具有完备的油气勘探、开采和加工技术,在石油钻井、炼油、管道开发技术等方面具有技术

---

[1] 俄罗斯卫星通讯社. 中俄原油管道累计从俄罗斯进口原油已超过亿吨[EB/OL]. (2018-03-12). http://sputniknews.cn/economics/201803121024886662/.

[2] 中国电力新闻网. 黑龙江电力对俄购电历史累计破248亿千瓦时[EB/OL]. (2018-04-13). http://www.cpnn.com.cn/zdzg/201804/t20180412_1064877.html.

优势。依靠黑龙江省大量的能源勘探、开采、加工资源及与俄罗斯相邻的优越地理位置,黑龙江省在能源深加工领域仍然拥有巨大潜力,与俄罗斯合作建立能源深加工跨境产业体系具有坚实基础和广阔前景。黑龙江应加快先进能源技术研发创新,依托中国船舶重工集团公司703研究所、哈尔滨电气集团、哈尔滨工业大学、哈尔滨工程大学、黑龙江科技大学等科研院所,加强技术攻关,力争在煤炭绿色智能采掘、煤层气抽采、超超临界燃煤发电、核电装备、光伏逆变器及系统集成、高寒地区储能供热技术、燃料电池等领域核心技术取得重大突破,实现推广应用一批、示范试验一批、集中攻关一批,以能源技术为重要支撑深化对俄能源加工产业的快速发展。

未来,黑龙江省应积极参与能源基础设施互联互通,进一步深化与俄罗斯能源领域合作,扩大能源引进规模,参与境外能源开发、服务和贸易,加快建设我国重要的对俄能源合作基地,提升黑龙江省在中俄能源合作中的战略地位。重点与俄罗斯展开煤炭、石油、天然气等传统能源产业链的合作,在此基础上不断推进向风电、核电、新能源等领域拓展。

充分利用俄罗斯石油、天然气资源,推进中俄原油管道二线工程和中俄东线天然气管道北段项目(黑河—长岭)建设,加快建设向省内东部延伸的干线管网,实现哈尔滨、大庆、齐齐哈尔、牡丹江、佳木斯等省级干线管网互联互通。支持黑龙江省企业在俄罗斯境内开展油气资源开发合作,重点加强油气勘探、开采、设备制造、深加工等方面的上下游一体化合作。以大庆为中心推进石化重点产业园区建设,发展石油化工下游的合成树脂、合成橡胶、合成纤维、有机化工材料等产品,建成大庆、哈尔滨、牡丹江等石油化工产业基地。积极在俄罗斯建立煤炭供应基地,与俄罗斯展开煤炭资源勘探开发、上下游一体化等项目建设合作。以鸡西、鹤岗、双鸭山、七台河四座煤城现有的煤化工园区为依托,通过与中海油等央企合作建设煤制烯烃等大型现代煤化工项目,推动焦化等煤化工企业延伸产业链条,发展煤焦油深加工等项目,强化炼油、乙烯、芳烃项目联合布局,增强基础化工原料的供应能力。积极扩大同俄罗斯远东和西伯利亚地区的电力合作,利用黑龙江省在水电装备及电站设计、发电成套设备生产等技术优势,鼓励企业积极参与俄境内电站、输电线路建设，为增加俄电进口规模提供电源支撑。加强对俄罗斯天然气的利用，抓紧进行在管道干支线覆盖的哈尔滨、大庆、齐齐哈尔等地区建设天然气分布式能源示范项目。

针对国家提出到2020年非化石能源消费比重达到15%的目标，加大可再生能源发展，推动能源结构优化和清洁高效利用，加快绿色转型发展。严格执行环境保护相关法规和建设项目环境影响评价制度，开展能源项目建设的环境影响评价工作，加强能源建设和生产运营的环境监测。严格落实相关能源环境治理措施，开展污染治理和生态环境修复，预防和减轻能源开发使用对环境的影响。

二、绿色食品产业集群

中国是世界上最大的粮食进口国，随着生活水平和消费观念的改变，人们越来越重视食品安全与健康，绿色食品在中国的需求市场广阔，据预测2020年，中国加工食品占饮食总消费的比重将由现在的45%左右增长到中等发达国家的70%~80%水平，预计市场容量达到20万亿元左右。[①] 自普京执政以来，俄罗斯高度重视农业生产，给予巨额财政补贴，使俄罗斯从严重依赖进口变为主粮90%以上自给、肉奶80%以上自给的国家。俄罗斯除了一直是"家门口"黑海周边国家的主要小麦进口来源国之外，对中国市场也非常重视。普京总统已经计划，将俄罗斯打造为有机产品的净出口国，并将中国作为绿色有机食品出口的重要目标国家。[②]

黑龙江省与俄远东地区农业具有很强的互补性。黑龙江省有较为成熟的农业技术、丰富的人力资源和资金。而俄罗斯缺乏资金和劳动力，但却拥有丰富的未开垦的土地资源。中国为保障本国粮食安全，对主粮类农产品，如小麦这样的俄罗斯大宗主要农产品征收较高关税，对小麦、玉米、大米和甜

---

① 资料来源：《黑龙江省绿色食品产业发展规划2016~2020》.
② 搜狐网．我的饮食有多绿色？俄罗斯的有机食品［EB/OL］．(2018-08-31). https://www.sohu.com/a/251111602.573462.

菜等农产品实行配额制度。近年来，中俄农业合作虽然有所加强，但总体来说，俄罗斯与中国的农业合作主要是农产品贸易、农业生产耕地开垦和农业技术人员交流，中俄农业合作规模不大，在全球价值链的地位不高，面临着"低端锁定"的风险。从中俄农业产业贸易结构分析看，中国出口俄罗斯的农产品是劳动密集型为主的农产品，俄罗斯出口中国的是土地密集型农产品；从贸易附加值看，俄罗斯出口中国以低价值的农业初级产品为主，中国除了出口劳动密集型农产品外，还向俄罗斯出口农业物资和农业技术等产品和服务，贸易附加值比俄罗斯相对高，两国农产品贸易基本是以低附加值的农业初级产品为主。中俄两国农业产业都面临着价值链升级的重要命题。

俄罗斯农业技术创新水平滞后，农业基础设施不发达，农村普遍缺少熟练掌握农业生产技术的青年劳动力，但俄罗斯存在强烈的延伸农业产业链和提升农产品加工水平的意愿。俄罗斯希望把土地资源优势与中国的农业生产技术和管理经验优势结合起来，一方面，解决远东地区粮食、蔬菜、水果、牛奶和肉类不能满足当地居民基本需求的困境；另一方面，通过农业技术提升，在农业产业链延伸方面取得进展。由于一直以来中俄合作在农业深加工领域未如预期般顺利进展，俄罗斯加强了与日本在农业技术领域的合作。近年来，俄罗斯除增加了向日本出口水产品、玉米、农畜产品等外，还在远东地区加强与日本种植技术的合作。

黑龙江省具有优质的农畜产品和林下食品资源，在高品质谷物食品、高品质乳制品、高品质畜产品、特色饮品、森林食品等方面具有很强的绿色、有机深加工潜力，从区位特点上来看是满足远东居民蔬菜、水果、牛奶和肉类等缺口的最佳供给者。黑龙江是中国农业大省，拥有丰富的动植物新品种和种子资源，农业防病减灾技术水平较高，农业及食品加工生产人力及基础设施资源等方面具有优势。根据《黑龙江省绿色食品产业发展规划2016～2020》，黑龙江省正努力加紧进行冷冻干燥、瞬间杀菌、高效浓缩发酵、挤压膨化等食品加工新技术改造升级，根据《黑龙江省"十三五"科技创新规划》，黑龙江省以农产品增值和商品化为目标，正在积极推进玉米食用化技术，玉米精深加工综合利用技术，马铃薯食品多样化加工技术，米糠综合加工利用新技术，大豆副产物综合利用技术，大豆油脂、蛋白及活性成分加工，功能性油脂和专用食用油产品生产技术，奶、肉、蛋制品精品加工及主要农产品安全与产品溯源支撑技术等关键技术研究。黑龙江省将绿色食品产业确定为第一大产业，明确将形成一批产业链上下游有效衔接的绿色产业集群作为其重点发展目标。

在黑龙江省对俄跨境产业体系构建过程中，中俄绿色农产品产业链的构建具有重要地位。在俄罗斯加强远东开发开放的背景下，黑龙江省应紧紧抓住俄罗斯受西方经济制裁带来的机遇，与俄方共同协商签署中俄地方农业及绿色食品产业发展合作备忘录，总体设计中俄跨境绿色食品产业合作发展路线图，通过双方规范性文件进一步提高对俄农业投资企业经营运作的规范化程度，充分确保其合法权益免受侵害。推动哈尔滨、齐齐哈尔、绥化、农垦食品产业创新发展，支持县（场）建设重点特色农业绿色科技基地，重点发展水稻、玉米、大豆、马铃薯等农产品精深加工，乳制品、蛋制品、啤酒饮料、食用菌、人参鹿茸、蛙鹿禽鱼等绿色食品产业，打造全国知名绿色食品品牌。推进对俄边境玉米主产区的深加工企业联合重组，促进玉米加工向糖、酸、醇、酯深加工发展，积极发展非粮生物化工和生物质能源产业。提升畜禽乳精深加工能力，大力推进畜禽产业向下游延伸，提高产品科技含量和附加值。

为满足外向型农业发展的资金需要，应当不断优化对俄境外农业项目资金"以奖代投"办法，加大对国家级境外经济合作区的支持力度，在资金国家补贴的标准基础上，实行1∶1省财政补贴。将境外国家级园区与国家级省内园区直接对接，变成境外子园区或分园区，享受融资招商等政策，实现真正意义上的境内外园区互动。设立"中俄农业及绿色食品产业合作扶持基金"，共同支持中俄两国企业在俄罗斯开展农业，尤其是绿色农产品深加工的合作。引入农业政策性保险，鼓励支持对俄产业投资企业进入资本市场，鼓励天使、风险投资（VC）及私募股权投资（PE）投资人投资对俄农业合作企业，解决融资难题。

鼓励黑龙江省境外园区利用俄罗斯远东开发之机，积极打造境外农业合作先导区、试验区和跨境经济合作区，适应俄罗斯本土化的农业合作模式，树立质量安全典范，按照中俄农产品质量安全卫生标准及要求，不断提质增效升级，创建高质量农产品品牌。可以利用俄罗斯超前区税收和投资政策，选择和培育重点农业加工企业，生产适销对路的农产品，延伸产业链条，打造"龙江"品牌，壮大龙头企业。在农业产业链条中，龙头企业的规模及市场份额相对较大，并且还具有十分良好的科研能力和比较充足的资金支持，可以通过它们来纵向整合产业链，在俄罗斯创办农业原料基地，解决黑龙江省农业资源不足的同时降低生产成本。充分发挥好农业龙头企业的作用，对农业初级产品进行深加工，并构建起跨区域的销售网络，利用这种方式，深加工之后得到的商品一方面能够卖给国外消费者，另一方面还能够运回国。双向延伸农业产业链的方式，一方面能够得到成本相对较低原料，另一方面还能够利用精深加工得到一些附加值相对较高的产品，在此基础上，进行跨境销售，这样能够进一步拓宽市场，使企业市场竞争力有所提升。

加速推进绥芬河、同江、黑河等口岸和通道功能的改造升级，打造粮食进口专业口岸、配套口岸、效益口岸，从口岸建设上大力推进"枢纽"建设。推进内贸货物跨境运输常态化，加速口岸的铁路和公路整体改造，建设现代化的粮食仓储基地，全面提升口岸的通关、周转与仓储能力。[①] 加快冷链物流、"互联网+"等广泛应用，有效解决制约食品生产、流通销售等环节关键问题，促进绿色食品产业链向精深加工延伸。以大项目和专业特色产业园区建设为着力点，突出高品质谷物食品、高品质乳制品、高品质畜产品、特色饮品、森林食品等发展重点，强化品牌、价值链及产业链延伸，加快一二三产业融合发展，提高安全性、健康性、时尚性、娱乐性产品供给能力和市场占有率，加强产品认证工作，构建具有竞争力的黑龙江省对俄跨境绿色食品产业体系。

---

① 马友君. 多举措促进中俄农业合作［N］. 黑龙江日报，2018（8）.

三、木材深加工产业集群

黑龙江省林业产业呈现出快速发展态势，初步形成了林下种养殖、森林绿色食品、北药、生态旅游、林木加工（对俄林业合作）等多业并举的产业发展新格局。黑龙江省有木材加工和家具制造企业2 000多家，其中规模以上企业311家，有七台河双叶家具实业有限公司、伊春光明家具有限公司、齐齐哈尔华鹤橱具有限公司、哈尔滨森鹰窗业股份有限公司、黑龙江远东木业有限公司、伊春万通祥木业有限公司、伊春双丰家具有限公司、牡丹江好家木业有限公司等多家国内知名企业，形成较强的加工生产能力，建成绥芬河国林木业城、伊春汇源产业谷、穆棱亮剑家具有限公司等一批重大项目，沿绥满铁路牡丹江、海林、穆棱、绥芬河沿线已经形成了木材加工产业集群带。

俄罗斯是全球最大的原木出口国和第二大锯材出口国，但由于低附加值的原木和锯材占出口比例过高，纸浆等高附加值产品出口在全球木材贸易市场的份额非常低，导致创造的整体产值仅占全球木材市场贸易的3%，对俄罗斯国民生产总值的贡献率极低。为改变林业低附加值落后状态，俄罗斯政府对俄罗斯林业发展战略进行了重大调整。其中，建立高附加值的木材产业集群就是其重要举措之一，俄罗斯将西伯利亚联邦区和远东联邦区作为重点地区，支持在托木斯克、鄂木斯克、伊尔库兹克和哈巴罗夫斯克等地建设木材产业集群，优先发展林业高附加值产品生产；鼓励先进性、创新型产品如纳米纸浆、生物质燃料、高质量纸与纸板等技术的研发和相关产品的生产。

原来中俄林业合作主要以中国从俄罗斯进口大量低级木材易货交易为主要特点。近年来，由于俄罗斯林业发展战略的转变，中俄林业合作开发发展为涵盖木材贸易、木材采伐和补种、木材深加工等的多元合作格局，尤其在纸浆、高密度板、成套家具、集成木屋等深加工方面的投资合作越来越受到重视。

我国将提高林产品消费国数量作为俄罗斯林业发展战略的重要目标，两国在林产品及林业深加工领域都具有重大的市场机遇。黑龙江省与俄罗斯远东及西伯利亚地区都具有丰富的林业资源，凭借优越的资源、区位、口岸和政策优势以及不断改善的铁路、港口等物流基础设施条件，发展木材深加工对俄跨境产业体系具有良好的现实条件和市场前景。黑龙江省应大力实施"走出去"战略，积极开发利用俄罗斯木材资源，建设境外木材加工基地，形成"两头在外"的林木加工产业格局。

未来，黑龙江省应加强与俄远东及西伯利亚地区协调与沟通共同规划建设林业综合产业合作园区。鼓励林业龙头企业充分发挥林业高技术名优企业的优势，积极与俄罗斯地方政府、森工企业开展投资合作，建设集森林培育、采伐、木材加工、科研、贸易一体化的森林资源境外投资合作示范园区，使林产品生产走上一条专业化、规模化、系统化和科学化的发展道路。积极采用在俄罗斯投资建厂、建立经贸合作区、跨境林业产业园区、贸易加工一体化等多种模式展开木材深加工合作。利用在俄罗斯龙跃林业经贸合作区及托木斯克州、伊尔库兹克州、赤塔州和布里亚特共和国的上百家中国木材加工企业，继续加强在犹太州、阿穆尔州、哈巴罗夫斯克边疆区、滨海边疆区、克拉斯诺亚尔斯克边疆区、布里亚特共和国、赤塔州、伊尔库兹克州、托木斯克州等地进行布局。依托绥芬河—东宁口岸建设林产品储运、加工、贸易、集散的中俄跨境经济合作区，合作区为入区企业提供一站式服务。加强绥满铁路沿线的黑龙江木材深加工产业体系与内蒙古满洲里市、二连浩特市，吉林省珲春市沿线的木材加工、贸易、转运基地的产业体系的统筹规划与聚集，并向东北、华北、西北、华东等地扩散。随着中欧班列开通和江苏太仓港木材集散中心的建设，逐步实现对俄深加工木材产品向中国沿海地区、西南地区流动。[1]

推进木结构房屋、木制工艺品、家具等林木产品提档升级，形成以光明家具工业园、森鹰节能铝包木门窗等为代表的具有规模效应的大型木材加工产业集群。推进嘉荫县与俄罗斯巴斯克沃、漠河县兴安镇与俄罗斯腾达市之

---

[1] 姚予龙，邵彬，李泽红."一带一路"倡议下中俄林业合作格局与资源潜力研究［J］.资源科学，2018（11）.

间"浮箱固冰"通道建设,开辟俄罗斯木材冬季进口新通道。在俄阿穆尔州、犹太自治州、哈巴罗夫斯克边疆区等远东地区,加快推进龙跃林业经贸合作区、犹太自治州阿穆尔木业区等境外原料基地和境外加工园区建设,鼓励乌马河、海林等有合作优势的林业局开展境外合作,扩大从俄罗斯进口原木和锯材的数量。

引导企业积极实现中俄林业资源合作从资源贸易型向生产加工型转变,强化木材深加工领域合作。瞄准俄罗斯林业战略调整方向,以及中国俄罗斯木材资源市场供需态势,鼓励中国企业由单纯的原木资源采购、板材粗加工,向木材精细加工、木材产成品制造、生态环保的木浆生产等方面发展。鼓励国内企业投资生产以木材板皮、锯末、边角废料为原料的木屑颗粒燃料等环保型产品,减轻企业生产过程对俄罗斯当地造成的环境污染问题。鼓励林业民营企业投资木材采伐、深加工、技术合作等领域,帮助企业解决申请采伐证难、基础设施建设和设备投入占用资金大、技术工人难以从国内招聘、生产安全风险大、天气变化影响作业、交通运输等制约林业深加工问题的解决方案。促进林业深加工全产业链发展,延长林业资源精深加工产业链,加强营销体系建设,打造协作配套发展的林业产业优势集群。

四、高端装备制造产业集群

从俄罗斯国际贸易结构来看,俄罗斯进口品主要为工业制成品,其中机械和运输设备最多,如道路运输车辆、通用工业机械、电气机械、电信设备一直是俄罗斯自世界进口的主要设备。俄罗斯在工业制成品领域的市场需求很大,尤其是机械和运输设备。俄罗斯是一个传统科技国家,拥有雄厚的基础科学技术,它在航空航天、军工、新材料等方面具有明显的优势。但由于俄罗斯缺乏资金,技术研究成果转化率较低,在高端装备制造业领域的发展相对滞后。高端装备制造业是以高新技术为核心,生产先进的高技术和高附加值的装备设施。高端装备制造业位于高端价值链和产业链的核心环节,能够提升整个产业综合竞争力,从而推动产业转型升级。俄罗斯远东发展战略的重要目标就是要通过在俄远东发展高新技术产业和加工产业使其成为俄重要出口基地。因此，俄远东地区需要不断提升地区的产业机构和技术创新能力，能够在较高端的产业层次具备一定的竞争实力，这样才能够形成在高新技术领域与亚太地区进行合作和加工出口的格局。因此，俄罗斯在远东地区有强烈的发展高新技术产业的动机。中俄在高端装备制造业领域合作，有助于提升两国的产业核心竞争力，抢占未来经济和科技发展的制高点，共同迈向制造强国和创新强国。中国借助俄罗斯科技力量，提升制造业层次水平，俄罗斯借助中国资金和经验，开发高科技创新产业领域，提高成果转化率，应是中俄两国发展的共识。

我国正处于制造业转型升级的重要阶段，根据《中国制造2025》，黑龙江省在电力装备、航天航空装备、轨道交通装备、高档数控机床、机器人、汽车、农机装备、海洋工程装备等装备制造产业具有一定产业优势。作为中国装备制造大省，发展高端专备制造是黑龙江省制造业发展的重要方向。利用俄罗斯技术优势，提升黑龙江省高端制造业技术水平，同时助推远东开发开放战略对俄远东地区建成俄罗斯高新技术产业重要地区具有重要意义和合作空间。

未来，黑龙江可以在电网成套设备、航空航天、新型农机、石油机械、轨道交通、高档数控机床、汽车、机器人、海洋工程装备等装备制造业与俄罗斯开展国际产能合作，以哈尔滨、大庆、齐齐哈尔为中心，依托哈尔滨新区、绥芬河中俄高新技术产业园加强与俄远东哈巴罗夫斯克、俄罗斯岛（俄罗斯拟打造的远东高科技新中心）尤其是俄中部和欧洲部分莫斯科地区、圣彼得堡等地区的技术交流与合作。鼓励企业参与央企重大国际产能合作项目，带动成套、配套装备及服务出口俄罗斯。以哈尔滨—齐齐哈尔为核心发展以水电装备、核电装备、燃气轮机为代表的清洁能源装备制造产业集群，发挥哈尔滨电气集团公司和中国第一重型机械集团公司装备产业优势，与中国广核集团有限公司、中国核工业集团公司等龙头企业联合，积极开拓核电装备市场。依托齐齐哈尔铁路货车产业基础，建设重载铁路货车研发、生产和维修基地。依托哈尔滨电站设备产业基础，打造具有国际竞争力的新能源装备产业集群。依托哈尔滨民用航空产业基地，建设航空产业集群。推进哈尔滨、大庆、齐齐哈尔装备制造联合研发和配套协作，打造大型发电设备、成套装备和数控机床、农机装备、石油化工装备、光电和新能源装备等产业集群。围绕海洋工程及高技术船舶的增长需求，发挥哈尔滨工程大学、哈尔滨工业大学及中船重工703所在舰船动力以及海工关键配套装备领域优势，加强产业布局，与俄罗斯北方航线开发建设相对接。以飞机发动机、先进直升机、通用飞机等系列产品为重点，以哈尔滨哈飞汽车工业集团有限公司（简称哈飞集团公司）、哈尔滨通用飞机工业有限责任公司（简称哈飞通用公司）为依托，打造国内直升机、轻型多用途飞机、支线飞机生产基地，构建技术研发、生产制造、航空材料、通用航空服务及相关配套产业协调发展的航空产业体系。依托哈飞空客复合材料有限公司、中航哈轴有限公司、航天海鹰哈钛有限公司等骨干企业和哈尔滨工业大学卫星技术和通信技术优势，着力发展航天复合材料、航天轴承及零部件、航天器、应急空间飞行器等新型航天材料、部件和装备及核心技术的研发应用。加快与俄罗斯合作建设卫星技术及应用产业园建设，重点发展北斗导航系统应用，满足智慧农业、智慧林业、智慧城市、智能交通、跨境物流等领域的发展。与俄罗斯开展道路规划、城区监测、水情分析、抢险救灾、国土资源监测和林业资源调查等应用合作。

通过高端装备制造产品贸易、高端装备制造产业互相投资、加强对俄方工程项目合作等方式开展对俄合作。鼓励企业采取"工程承包＋融资""工程承包＋融资＋运营"等合作方式，采用政府和社会资本合作（public-private partnership，PPP）、建设—经营—转让（build-operate-transfer，BOT）等模式，加强与行业领头企业合作，加强企业强强联合、抱团取暖，共同开发俄罗斯市场。综合运用投资、工程建设、技术合作、技术援助等形式，积极参与俄罗斯境外工业园区、跨境经济合作园区建设，引导装备企业集群式"走出去"；鼓励大企业率先在俄罗斯建立境外商品展销中心和营销网络建设，加快跨境电子商务平台建设，带动一批中小配套企业"走出去"。

五、新材料产业集群

俄罗斯的矿产资源十分丰富，许多矿产储量和产量均居世界前列。俄罗斯把新材料产业作为国家经济主导产业给予大力扶持。俄罗斯国内有新材料研发专业机构和企业近百家，涉及的领域主要包含金属材料、陶瓷材料、超导材料、纳米材料等。黑龙江省有较为丰富的石墨、钼、铁、铜、铅、锌、金、铀等优势和特色矿种。近几年来，黑龙江省利用矿产资源优势，加快矿产利用技术研发和应用，在新材料技术及产业领域取得了较快进展。根据黑龙江省重点产业和战略性新兴产业发展对新材料的需求，黑龙江省出台了《黑龙江省新材料产业发展"十三五"规划》，加快发展先进基础材料、关键战略材料、前沿新材料，重点开展新型功能材料、先进结构材料和复合材料关键技术研究开发和应用，开发航空航天材料、道路交通装备材料、新能源材料、信息材料、环保与节能材料等高端产品和成套装备。推进石墨深加工等国家级产业技术创新战略联盟建设，培育国家级高性能纤维及先进复合材料产业化基地，推动黑龙江省新材料产业集群发展。

黑龙江省在新材料产业发展领域与俄罗斯有巨大的发展潜力，应充分利用俄罗斯在矿产资源和新材料技术领域的优势，通过"引进来"和"走出去"，合作兴建石墨烯、纳米等新材料加工企业，加强中俄双方相关技术交流，加快推进对俄新材料跨境产业体系的培育。利用俄罗斯远东地区建筑材料资源丰富的特点，合作发展钢铁、有色、石化、建材、轻工、纺织等基础材料中具有优异性能、量大面广、一材多用的高端新材料规模化、产业化生产。加快推进高附加值铝镁合金产品、钛及钛合金深加工产品、先进复合材料、精细化工材料、化学级工业硅、有机硅制品、无机硅系列产品等的关键技术研究开发与产业化。满足先进轨道交通装备、海洋工程装备、军工装备轻量化、航空航天、石油化工等装备需求。建设龙江（国际）铝镁产业园，打造成国际铝镁新材料创新中心、轻量化材料应用示范区和国家级资源循环利用基地。

发展高端装备用特种合金、高性能分离膜材料、高性能纤维及其复合材料、新型能源材料、电子陶瓷和人工晶体、生物医用材料、稀土功能材料、先进半导体材料、新型显示材料等实施智能制造、新能源、环境治理、医疗卫生、新一代信息技术和国防尖端技术等重大战略需要的关键保障材料。建立中俄联合实验室和中俄技术孵化联合体创新平台,开展中俄高新技术产业园区建设,联合进行人才培养,深化并拓展中俄科技领域的实质性合作,采用"两地双园"的经营模式,集合有中俄联合合作项目的专业工程技术中心、产业开发基地和特色产业园,通过科技成果转化在东北地区、北京、江沪一带的产业科技园落地投产。[①]

以 3D 打印材料、新型碳材料、超硬材料、高性能膜材料、光学透过材料、功能陶瓷等战略新材料为重点,推进高档石墨与新型碳材料制品深加工与产业化。重点发展锂电池、高性能密封材料等石墨高端下游产品。围绕重点企业和优势产品,加强配套体系建设,提高产业链协作配套能力,延长产品链条,扩大高端产品规模。重点发展哈尔滨石墨烯研发中心和鹤岗、鸡西石墨烯生产加工基地建设,加强哈尔滨万鑫石墨谷公司、鹤岗华升公司、宝泰隆新材料股份有限公司、贝特瑞新能源材料股份有限公司、普莱德新能源电池科技有限公司、鹤鸣云山矿业公司、哈尔滨天宝石墨公司、奥宇集团公司、哈尔滨电碳厂等新材料公司及骨干企业等相关企业的聚集效应。鼓励领军企业和企业兼并重组,培育现代化的石墨企业集团。加强哈尔滨工业大学、哈尔滨工程大学等高校与俄罗斯新材料研发机构的合作,共同孵化培育石墨烯吸附过滤、石墨烯金属复合材料、石墨烯在新能源领域应用等项目,促进石墨烯前沿技术研发和成果转化,打造石墨及石墨烯新材料产业集群。

六、旅游产业集群

黑龙江省与俄罗斯有漫长的边境线,与俄罗斯滨海边疆区、哈巴罗夫斯克边疆区、犹太自治州、阿穆尔州和外贝加尔边疆区 5 个州区交界。抚远对面的哈巴罗夫斯克边疆区首府哈巴罗夫斯克市与抚远、俄罗斯阿穆尔州首府布拉戈维申斯克港口与黑河市、俄最大港口城市符拉迪沃斯托克与绥芬河距离极近,对发展边境游来说具有得天独厚的优势。黑龙江省 25 个国家一类

---

① 张肖平."一带一路"背景下中俄科技合作研究 [D]. 哈尔滨:黑龙江大学,2018 (4).

口岸中绝大部分开展了中俄边境旅游异地办照业务，出境旅游非常便利。从20世纪80年代发展边境旅游开始，黑龙江省就与阿穆尔州、滨海边疆区、哈巴罗夫斯克边疆区、犹太自治州、外贝加尔边疆区等俄罗斯毗邻地区旅游部门建立了友好合作关系。近年来，黑龙江还积极发展与车里雅宾斯克州及萨哈林州等俄罗斯其他相关地区的旅游合作，并延伸向俄罗斯的欧洲地区。

黑龙江形成了以哈尔滨、牡丹江、佳木斯为中心，以黑河、绥芬河、抚远等沿边口岸为通道的边境旅游发展格局。对俄旅游产品线路比较丰富，旅游经营主体规模不断壮大，截至2018年6月，黑龙江省有出境游组团社98家、边境游组团社118家，是全国有边境旅游经营权最多的省份之一。[1]

黑龙江省对俄旅游交通系统不断完善，已拥有哈尔滨太平国际机场、齐齐哈尔三家子机场、牡丹江海浪机场、佳木斯东郊机场4个国际机场，开通了省内至俄罗斯莫斯科、符拉迪沃斯托克、哈巴罗夫斯克、雅库茨克、布拉戈维申斯克、南萨哈林斯克、新西伯利亚、克拉斯诺亚尔斯克、叶卡捷琳堡等城市的空中航线。哈尔滨有72小时过境免签政策，黑河积极推进黑龙江大桥和跨江索道建设，并与俄方签订了《中俄双子城旅游发展规划》，绥芬河实现卢布自由流通，出台俄罗斯入境游客区域免签政策。

黑龙江省具有发展对俄跨境旅游产业的优势和基础，对俄旅游产业的潜力巨大。未来，黑龙江省应进一步深化对俄旅游合作，积极在黑河、绥芬河等地发展对俄跨境旅游合作区。通过与俄罗斯地方政府签订合作协议的形式，允许游客或车辆凭双方认可的证件灵活进入合作区游览，与俄方就跨境旅游合作区内旅游资源整体开发、旅游产品建设、旅游服务标准推广、旅游市场监管、旅游安全保障等方面深化合作，共同打造游客往来便利、服务优良、管理协调、吸引力强的重要国际旅游目的地。推进绥芬河和黑瞎子岛公路口岸8座以下小汽车和自驾游限定区域的划定，加快黑河—布拉戈维申斯克步行口岸规划建设，带动对俄边境旅游。依托黑龙江众多边境城市资源，强化政策集成和制度创新，设立中俄边境旅游试验区。鼓励试验区积极探索

---

[1] 资料来源：《2018年黑龙江省国民经济和社会发展统计公报》.

"全域旅游"发展模式,允许边境试验区实施口岸签证政策,为到试验区的境外游客签发1年多次往返出入境证件。

以冰城夏都哈尔滨市为核心,将哈尔滨与沿牡丹江市、鸡西市的"秘境双湖旅游带",沿伊春的"生态林都旅游带",沿佳木斯、双鸭山、七台河、鹤岗的"华夏东极旅游带",沿大庆、齐齐哈尔、绥化的"火山湿地旅游带",沿大兴安岭地区的"神州北极旅游带"联通并延伸至黑龙江省中俄交界的边境城市漠河、塔河、呼玛、黑河、瑷珲、孙吴、逊克、嘉荫、萝北、绥滨、同江、抚远、饶河、虎林、密山、绥芬河、东宁,通过中俄边境地区富有特色的界江风光旅游带实现与俄罗斯远东地区旅游产品的对接,并充分挖掘界江游轮、边贸旅游、文化博览、特色餐饮、滨水休闲等产业潜力,发展界江游、中俄国际商贸、文化交流展示、边境口岸观光、历史文化体验、休闲娱乐项目等,打造中俄边境旅游黄金走廊。

为此,应积极加快中俄旅游交通基础设施建设和沿线餐饮、酒店、旅游景点等旅游基础设施建设。尤其是要通过与俄罗斯地方政府与旅游企业积极合作交流,加快黑龙江、乌苏里江、松花江、嫩江等水上旅游交通工具升级改造步伐,推进船舶供给侧改革。完善哈尔滨市、佳木斯市、黑河市、抚远市、同江市、虎林市等沿江码头建设,改善港口和旅游岛屿客运码头设施,提升港口码头综合服务能力和水平。

第四节 黑龙江省对俄跨境产业体系构建发展政策的保障体系

一、加快基础设施互联互通

在远东纲要框架内,共有92个优先发展项目,23个最大的配套投资项目,其中有相当大部分是关于交通基础设施方面的计划,包括修复跨西伯利亚大铁路、贝阿铁路，建设北方海道、萨哈林岛跨海通道，修建跨朝铁路、赤塔—哈巴罗夫斯克公路、哈巴罗夫斯克—符拉迪沃斯托克公路及雅库特—楚克奇公路等。通过建设复线，将贝阿铁路的运力从现在的每年1 200万吨提高到2030年的1亿吨；建设新的公路、桥梁，改建海港和发展航空运输，对超过60个机场进行现代化改造等。2018年9月在第四届东方论坛期间，我国商务部和俄罗斯远东发展部共同签署《俄中远东地区合作发展规划（2018～2024年）》，该规划包括中俄将合作完成的总额为42亿美元的32个项目。在基础设施领域的优先事项包括"滨海1号""滨海2号"国际交通走廊以及下列宁斯科耶—同江和布拉戈维申斯克—黑河大桥等。以上关于基础设施建设方面的计划和规划项目对中俄跨境产业体系的建设至关重要，是产业体系构建和发展的重要保障。在这些计划和规划项目中，有许多是黑龙江省的对俄跨境基础设施，如"三桥一岛一道一港"建设，为保障黑龙江省对俄跨境产业体系的顺利构建和发展，黑龙江省应积极借助中俄国家和地方沟通机制，推进这些基础设施互联互通项目尽快完成并保障其安全畅通。另外，黑龙江省还要切实加强本省内部边境口岸设施和中心城市基础设施、跨境铁路、口岸高速公路等互通互联项目的建设。建立黑龙江省口岸与沿海发达地区口岸、俄罗斯口岸大通关合作机制。

二、加快边境口岸机制建设

黑龙江省应尽快解决口岸设置分散、同质化严重的问题，通过整合黑龙江口岸资源，使分散的口岸形成合力。可以将全年无进出口过货或货量极少的口岸撤并，将更多的人员、财政支持向有发展潜力的口岸进行集中，按照贸易、物流、旅游、技术产品等对口岸功能进行差异化定位。加强黑龙江边境口岸的基础设施建设，针对优先发展的跨境产业类型积极进行相关口岸资质的申请。加快口岸石油、天然气等危化产品所需的换装场所建设的资金投入。在口岸管理过程中，减少关税壁垒、缩短通关时间、简化出入境手续、简化货币兑换环节，提升口岸服务经贸的水平。针对对俄跨境优先发展产业，加快进行口岸境内外园区建设和产品入园落地政策的配套，通过提升口岸综合服务能力，实现通关便利化、查验电子化、信息网络化、交通便捷化、数据共享化推进口岸现代化，使入园企业享受贸易便利化。同时，在对俄口岸还要做好法律监督，严格执行环境、生态、质量、安全等方面的行业规则，为对俄跨境产业带和跨境园区的生产经营提供安全的司法保障。通过建立双边与多边的贸易体制，将促进区域经济一体化进程，积极扶持口岸园区支柱产业，加快形成产业聚集效应。

三、提升对俄跨境物流服务水平

跨境物流与基础设施建设与有较强的联动效应，跨境物流是跨境产业合作的重要条件和基础。黑龙江省物流发展相对较晚，在跨境物流方面黑龙江省应重点做好哈尔滨对俄跨境电商物流通道的建设，全力加快哈尔滨对俄航空通道运营工作，实施以俄向国际e邮宝为主、国际小包为辅的产品定位，将原有航空国际小包客户转化为e邮宝客户，并拓展线上渠道，通过与速卖通平台的产品系统对接服务黑龙江省对俄跨境产品的线上销售。2019年3月1日，哈尔滨至叶卡捷琳堡的货运包机如期执飞。发挥哈尔滨等中心城市的辐射带动作用，打造跨境电子商务平台品牌，全面提升跨境电子商务跨境物流服务能力，引进知名跨境电子商务平台在黑龙江省内注册，建立分公司，设立跨境电子商务产业园区，延伸跨境电子商务产业链，向规模化、标准化、集群化、规范化方向发展。发挥跨境电子商务服务企业对跨境电子商务应用的支撑作用，促进跨境电子商务商品销售渠道向全球化发展。培育一批黑龙江省内知名专项服务或综合服务能力强的跨境电子商务服务企业，为跨境电商提供多层次、全面化的跨境电子商务交易平台服务。积极建设境外营销、物流仓储和快递配送网络，推进边境口岸地区跨境物流园区建设。支持电子商务企业在哈尔滨综合保税区、绥芬河综合保税区设立"海外仓"，利用保税物流功能拓展展示、展销业务。围绕现代物流合作，全面延伸发展服务外包、金融保险、信息咨询、跨境电商、餐饮服务、休闲娱乐等第三产业。搭建跨境电子商务支付平台,加快哈尔滨地区法人机构申请互联网支付业务许可。推动符合条件的哈尔滨地区法人第三方支付机构开展电子商务跨境外汇支付业务。加快引进国内外知名的电商平台、第三方支付机构以及电商服务企业,做大跨境电子商务支付市场。

四、打造地方中俄投融资金融服务体系

充分利用我国吸引外资重要国家的优势地位和东北地区与南方省份对口合作的机遇,不断加大招商引资力度,积极召开全球范围的招商引资项目推介会,吸引大量金融和产业资本投资对俄跨境产业领域。积极借助丝路基金和亚洲基础设施投资银行,通过股权投资、债权投资、银行贷款等方式争取金融支持,吸引更多国内外投资。积极谋划以哈尔滨为中心的对俄金融服务体系建设,将金融作为黑龙江省对俄经贸合作新增长点,巩固哈尔滨对俄贸易的中心城市地位,充分发挥哈尔滨对俄中心城市的辐射带动作用。尝试设立对俄商业合作社,设立民资发起的民营银行、金融租赁公司和外资股权投资基金等金融机构。积极培育和发展各类涉俄投资、理财及财富管理机构,在哈新区内尽早争取省级金融管理权限,行使对小额贷款公司、融资性担保公司的审批监管权。充分利用中俄基金、俄罗斯远东发展基金、丝绸之路基金和中俄远东农工产业基金等双方金融渠道,重点依托哈尔滨银行,以中俄金融联盟为平台建设面向全国的中俄本外币现钞服务中心、中俄结算中心,以加大培育本土对俄金融机构。推动涉俄企业通过发行公司债、可转债、可分离债、私募债、资产支持票据等方式进行债券融资。建立涉俄企业投融资担保平台,引进国内外大型担保机构,为涉俄企业发债融资提供保障。同时,积极开展"走出去"融资担保业务。围绕高科技发展、对俄贸易、路演推介等方面,加强金融合作。加快发展与涉俄金融核心业务密切相关的信用评级、资产评估、典当、产权交易、金融仓储、投资咨询、会计审计、法律等各类配套服务。积极推进中俄两国银行间在评估、价值登记及价值融资与转贷等金融服务方面的合作。

五、积极构建中俄区域产业技术联盟

黑龙江省共有 15 个国家级科技合作基地,其中有 10 家可以为中俄科技合作提供服务①,他们与俄罗斯诸多的研究院所和高校建立了长期的合作关系,在航空航天、船舶海洋、先进材料、能源化工等方面开展赋有成效的合作研究工作。

黑龙江省已经上线使用了中俄科技合作平台网、中俄科技合作信息网以及东方一号网等三个大型的网站,与多家俄罗斯以及独联体国家信息网站建立起链接,为国内投资者开展科技合作提供大量信息,成为中俄开展科技合作交流有效的信息媒介。黑龙江省还定期举办中国哈尔滨国际科技成果展交会,打造具有全国知名度的国际科技交流活动。未来,针对我国东北与远东地区重点合作的高新技术产业技术领域,尤其是黑龙江省优先发展的对俄跨境产业技术领域,黑龙江省应更加积极地引领中俄地区性产业技术联盟的创建和发展。在以哈尔滨工业大学为依托建立的黑龙江省中俄科技合作中心、以黑龙江省农科院为依托建立的中俄农业科技合作中心、国家级科技创新企业孵化器中俄科技创新园的"中俄科技创新中心""俄中国际技术转移中心"等国际科技合作平台基础上,通过建立高水平专业技术人员的常态化交流机制,通过增加建建设中俄联合技术孵化器、中俄联合实验室等方式进一步扩充和深化中俄互补性科技合作,成为内容层次丰富的中俄地方性产业技术联盟。产业技术联盟可以在整体规划设计框架下,在一些跨境产业重点技术领域,如航空航天装备、电力装备、数控专用机床和精密机床、新材料等方面开展科技合作创新,针对地区性跨境产业体系的共性问题开展联合攻关、联合转化,集成优势要素,使优先发展的相同性主导产业得到共生增长,加快产业结构的共同升级,提升两国地区性高新技术产业水平。产业技术联盟在发展过程中应有针对性地加强中俄之间技术转移转化工作,依托相

---

① 黑龙江新闻网.15 个国家级对俄科技合作基地引领作用凸显 哈尔滨对俄科技合作向纵深推进 [EB/OL]. (2019-06-21). http://www.hljnews.cn/article/41/116841.html.

关区位优势因地制宜地推进成果转化落地。产业技术联盟要促进中俄两国的科技资源优势和产业优势的深度融合，产业技术联盟应建立资源共享、协同创新的合作机制，实时传递最新信息，最大限度地服务中俄科技创新合作。同时，黑龙江省还应充分发挥各类开发区和俄罗斯境内中俄地方合作工业开发园区优势，打造中俄工业科技合作园区平台。利用哈尔滨新区、哈尔滨工业大学（简称哈工大）、哈尔滨工程大学（简称哈工程）等高校科研院所人才技术优势，在哈尔滨建立中俄科技合作创新城，打造对俄科技合作硅谷。利用"互联网+"，建立数字化中俄跨境工业科技合作服务平台。

参 考 文 献

[1] 宋魁. 打造中俄跨机构产业链 [N]. 黑龙江日报, 2014-04-03.

[2] 郭连成. 俄罗斯东部开发新战略与中俄区域经济合作的进展评析 [J]. 俄罗斯东欧中亚研究, 2014 (5).

[3] 李传勋. 中国东北经济区与俄罗斯远东地区经贸合作战略升级问题研究 [J]. 俄罗斯中亚东欧市场, 2008 (9).

[4] 李传勋. 俄罗斯远东地区中国投资问题研究 [J]. 俄罗斯学刊, 2013 (6).

[5] 郭连成, 周渝, 马斌. 中国东北地区与俄远东地区交通运输网络及城市群空间经济联系 [J]. 东北亚论坛, 2017 (3).

[6] 郭晓琼. 中俄金融合作的最新进展及存在的问题 [J]. 欧亚经济, 2017 (4).

[7] 张志明, 黄微. 中俄价值链合作模式演进及影响因素研究 [J]. 宁夏党校学报, 2018 (3).

[8] 刘清才, 张海霞. 中俄两国经贸关系发展现状及其广阔前景 [J]. 东北亚论坛, 2012 (3).

[9] 杨雷. 中俄共同推进欧亚地区合作的基础与路径 [J]. 新疆师范大学学报（哲学社会科学版）, 2018 (5).

[10] 李洋. 新形势下的俄罗斯对华金融合作及路径选择 [J]. 东北亚论坛, 2019 (1).

[11] 李建军. 全球价值链分工视角下的中蒙俄经济走廊建设 [J]. 社会科学家, 2016 (11).

[12] 陈岩."一带一路"战略下中蒙俄经济走廊合作开发路径探析[J].社会科学辑刊,2015(6).

[13] 中华人民共和国主席习近平,俄罗斯联邦总统普京.中华人民共和国与俄罗斯联邦关于丝绸之路经济带建设和欧亚经济联盟建设对接合作的联合声明[N].人民日报,2015-05-09.

[14] 王胜男,杨琼,官宏宁.浅析黑龙江省中俄跨境公路、铁路运输现状及几点问题[J].中国标准化,2016(12).

[15] 马友君.建设中俄跨境合作区路径分析[N].黑龙江日报,2018-05-30.

[16] 佟景洋."中蒙俄经济走廊"视域下中俄经贸的新发展[J].生产力研究,2018(6).

[17] 刘清才,齐欣."一带一路"框架下中国东北地区与俄罗斯远东地区发展战略对接与合作[J].东北亚论坛,2018(2).

[18] 郭力.中俄区域产业合作的经济学考量[J].俄罗斯东欧中亚研究,2011(5).

[19] 张弛.中国东北地区与俄罗斯东部地区经济合作模式研究[M].北京:经济科学出版社,2013.

[20] 肖良武,黄臻,罗玲玲.省域经济增长极选择及培育路径研究[J].经济问题,2017(5).

[21] 李金峰,时书霞.丝绸之路经济带甘肃段旅游产业一体化路径选择——基于"点—轴"渐进扩散理论的视角[J].生产力研究,2016(3).

[22] 杨文兰.地缘经济视角下俄罗斯远东地区开发问题研究[J].财经理论研究,2013(8).

[23] 渠立权,洪菊花,梁茂林,等.地缘产业:地缘经济学中一个有价值的研究领域[J].地理与地理信息科学,2018(7).

[24] 周延丽,史春阳.中国东北振兴战略与俄罗斯开发远东战略的联动趋势[J].俄罗斯中亚东欧市场,2006(12).

[25] 白威,杨玉,刘春宇.黑龙江省对俄出口跨境电商现状研究[J].

商业经济, 2019 (1).

[26] 刘爽. 跨境产业合作的战略定位与重点方向——以黑龙江省为例[J]. 学习与探索, 2016 (12).

[27] А. С. 申高兹. 俄罗斯远东与东北亚地区在自然资源开发领域中的合作[J]. 西伯利亚研究, 2000 (8).

[28] 瓦西连科. 略论今昔铁路运输对发展中国东北与俄远东经济关系的意义[J]. 西伯利亚研究, 1997 (6).

[29] 王明清. 中国东北与俄罗斯远东地缘经济关系研究[D]. 长春: 东北师范大学, 2016 (6).

[30] 周瑜. 中国东北地区与俄远东地区空间经济联系、地缘经济关系与经贸合作[D]. 大连: 东北财经大学, 2017 (6).

[31] 菲利蒙诺娃·И. В, 科尔茹巴耶夫·А. Г, 埃德尔·Л. В. 东西伯利亚和远东地区石油天然气工业发展前景[J]. 西伯利亚研究, 2010 (5).

[32] 张李昂. 俄罗斯东部发展新战略与中俄区域经济合作研究[D]. 长春: 吉林大学, 2016 (6).

[33] 鲍里斯·萨涅耶夫. 俄罗斯与东北亚国家的能源合作: 前提、方向和问题[J]. 西伯利亚研究, 2005 (5).

[34] 王海燕. 俄罗斯 LNG 发展规划与中俄天然气合作[J]. 国际石油经济, 2011 (3).

[35] 习近平在纳扎尔巴耶夫大学的演讲 (全文) [EB/OL]. (2013 - 09 - 08). http://news.xinhuanet.com/world/2013 - 09/08/c_117273079.htm.

[36] 李秀蛟. 俄罗斯智库专家对"一带一路"的评析[J]. 西伯利亚研究, 2015 (3): 19 - 24.

[37] 韩立华. 中俄能源合作若干问题探索[J]. 西伯利亚研究, 2006 (2).

[38] 祖立超. 俄罗斯对 21 世纪海上丝绸之路的战略认知与政策选择[J]. 太平洋学报, 2015 (11).

[39] 张艳杰, 于大春. 转型期俄罗斯民族主义与新欧亚主义理论之契

合［J］．学术交流，2011（12）：48-51．

［40］中国移民走向全球［N］．参考消息，2007-07-25．

［41］朱显平，李天籽．俄罗斯东部开发及其与我国东北振兴互动发展的思路［J］．东北亚论坛，2008（9）．

［42］朱显平，刘峰，吴慧君．俄罗斯面向亚太的东部能源开发战略及中俄合作研究［J］．吉林大学社会科学学报，2014（7）．

［43］梅冠群．俄罗斯对"一带一路"的态度、原因与中俄战略对接［J］．西伯利亚研究，2018（4）．

［44］杨闯．从分歧到契合——"一带一路"下俄罗斯的战略调整与选择［J］．学术前沿，2015（6）．

［45］王树春，朱燕．大欧亚伙伴关系：多维视角下的深度解析［J］．俄罗斯研究，2017（2）．

［46］马博．俄罗斯"转向东方"战略评析——动机、愿景与挑战［J］．俄罗斯研究，2017（3）．

［47］张昊琦．俄罗斯"大欧亚"战略构想及其内涵［J］．现代国际关系，2017（6）．

［48］杜兰．"一带一路"倡议：美国的认知和可能应对［J］．新视野，2015（2）：111-117．

［49］王灵桂．国外智库看"一带一路"［EB/OL］．（2015-12-03）．http：//www.globalview.cn/html/global/info_7661.html．

［50］蒲公英．俄罗斯经济特区与超前发展区政策比较分析［J］．特区经济，2018（6）．

［51］殷红，崔铮．西力制裁下的俄罗斯经济形势与政策［J］．国际经济评论，2017（3）．

［52］展妍男．俄罗斯学界对中国"丝绸之路经济带"构想的认知和评论［J］．俄罗斯学刊，2015（4）．

［53］姜振军．俄罗斯远东地区产业发展研究［J］．商业经济，2018（10）．

[54] 范伟国,胡晓光. 俄中关系模式应成各国交往典范——专访俄罗斯国家杜马主席沃洛金 [N]. 参考消息,2017-04-21.

[55] 安东诺娃HE. 俄罗斯远东林业产业集群：俄中合作的现实与潜力 [J]. 西伯利亚研究,2015 (6).

[56] 曹志宏. 新时期俄罗斯参与东北亚区域合作研究 [J]. 商业经济,2018 (10).

[57] 胡晓光,廖冰清. 中俄经贸关系提质升级 [J]. 经济参考报,2017-11-21.

[58] 陈宇. 俄罗斯"转向东方"的考虑和前景 [J]. 中国国防报,2016-11-25.

[59] Д. В. 苏斯洛夫. 俄远东吸引外国直接投资的现状和问题 [J]. 西伯利亚研究,2018 (6).

[60] 焦方义,姜帅. 东北地区的营商环境及优化路径研究 [J]. 北方论丛,2019 (1).

[61] 姚予龙,邵彬,李泽红."一带一路"倡议下中俄林业合作格局与资源潜力研究 [J]. 资源科学,2018 (11).

[62] 唐帅,宋维明. 中俄林业合作面临的形势和发展趋势 [J]. 国际经济合作,2013 (11).

[63] 新华网. 中华人民共和国与俄罗斯联邦关于丝绸之路经济带建设和欧亚经济联盟建设对接合作的联合声明（全文）[EB/OL]. (2015-05-09). http://www.xinhuanet.com//world/2015-05/09/c_127780866.htm.

[64] 刘清才,支继超. 中国丝绸之路经济带与欧亚经济联盟的对接合作——基本架构和实施路径 [J]. 东北亚论坛,2016 (12).

[65] 冯玉军. 论"丝绸之路经济带"与欧亚经济联盟对接的路径 [J]. 欧亚经济,2016 (5).

[66] 姜毅. 对发展中俄边境地区口岸经济的思考 [J]. 欧亚经济,2017 (6).

[67] 辻久子,笪志刚. 中国利用俄罗斯远东"借港出海"的新尝试

[J]. 俄罗斯学刊, 2016, 6 (1).

[68] 新形势下中国对俄罗斯东部地区投资战略及投资风险防范研究课题组. 俄罗斯东部地区投资环境研究 [J]. 俄罗斯学刊, 2017, 7 (3).

[69] 刘洪昌. 中国战略性新兴产业的选择原则及培育政策取向研究 [J]. 科学学与科学技术管理, 2011 (3).

[70] 冯春萍. 中俄科技合作可持续发展对策思路研究 [J]. 科技与创新, 2014 (4).

[71] 滕占伟, 孙蕾, 马巍, 李咏梅. 中俄远东地区农业科技合作的探讨与思考 [J]. 环球瞭望, 2014 (7).

[72] 王海坤. 俄罗斯东部高新技术发展现状与中俄科技合作发展趋势分析 [J]. 中俄经贸, 2014 (5).

[73] 黑龙江省人民政府网. "一带一路"六大经济走廊的发展现状与建设进展 [EB/OL]. (2017-02-06). http://www.hlj.gov.cn/zwfb/system/2017/02/06/010810889.shtml.

[74] 人民日报. 中华人民共和国与俄罗斯联邦关于全面战略协作伙伴关系新阶段的联合声明 [EB/OL]. (2014-05-21). http://politics.people.com.cn/n/2014/0521/c1024-25042806.html.